A BRIEF
HISTORY OF
MONEY

4,000 YEARS OF
MARKETS, CURRENCIES, DEBT AND CRISIS

[加] 戴维·欧瑞尔（David Orrell）　著

李小霞　译

中国科学技术出版社

·北　京·

北京市版权局著作权合同登记 图字：01-2021-4957。

图书在版编目（CIP）数据

货币之语 /（加）戴维·欧瑞尔著；李小霞译 . —北京：中国科学技术
出版社 , 2022.2（2022.7 重印）
书名原文 : A Brief History of Money: 4,000 Years of Markets, Currencies,
Debt and Crisis
ISBN 978-7-5046-9410-2

Ⅰ.①货… Ⅱ.①戴…②李… Ⅲ.①货币史—世界 Ⅳ.① F821.9

中国版本图书馆 CIP 数据核字（2021）第 262916 号

策划编辑	申永刚　褚福祎	责任编辑	申永刚
封面设计	马筱琨	版式设计	锋尚设计
责任校对	张晓莉	责任印制	李晓霖

出　　版	中国科学技术出版社
发　　行	中国科学技术出版社有限公司发行部
地　　址	北京市海淀区中关村南大街 16 号
邮　　编	100081
发行电话	010-62173865
传　　真	010-62173081
网　　址	http://www.cspbooks.com.cn

开　　本	880mm×1230mm　1/32
字　　数	158 千字
印　　张	7.5
版　　次	2022 年 2 月第 1 版
印　　次	2022 年 7 月第 2 次印刷
印　　刷	北京盛通印刷股份有限公司
书　　号	ISBN 978-7-5046-9410-2/F·968
定　　价	89.00 元

（凡购买本社图书，如有缺页、倒页、脱页者，本社发行部负责调换）

前言 PREFACE

这本书讲的是货币。这种东西在我们的生活中是那么重要，却又那么难以捉摸。这不仅因为它很难获得，也因为它甚至很难定义。这些金属片、纸张，或者今天更常见的账户中的数字，都叫货币。它有什么神奇之处，竟能对我们产生这么大的影响？是什么让货币的样子千变万化？我们在后文中会看到，从海滩上发现的贝壳到木棍，到存储在手机里的数字货币，所有这些都充当过货币。那么，这些东西到底有什么神秘特质，让它们拥有了某种价值呢？

当我们看到货币的很多彼此矛盾的属性时，它的定义就更难说清楚了。比如，生活在发达国家的一些人，平均而言，比历史上任何时期的人都拥有更多的财富。然而，各种调查不断说明，金钱也是导致压力的主要原因。

我们追求货币，因为我们认为有了货币就会获得幸福。用经济学家的行话来说，我们在让效用最大化。货币当然会带来很多快乐，这就是为什么人们会买彩票。然而，实证研究表明，货币只能在一定程度上让我们快乐。如果我们过度追求货币，它马上会让我们感到不快乐——在最富裕的城市中，抑郁症患者的数量和自杀率都在不断上升，这个现象充分说明了这一点。物质财富和心理健康在某种程度上似乎是不成比例的。

客观地说，我们关注的应该是我们的绝对财富（财富的净值），而不是相对财富（与他人相比，财富的多少）。然而，大多数人关注的是后者，并且喜欢和比自己赚得多一点的人相比较。2019年，在英国广播公司（BBC）的一档节目中，当一位观众听说自己8万英镑年薪能让他跻身收入最高的5%人群之列时，他的反应十分激烈："告诉你吧，我离最高的5%还差得远呢！我甚至连最高的50%都排不上。"英国广播公司的事实核查员很快拿出证据，证明年薪2.5万英镑就能让你跻身前50%的行列，8.1万英镑的年薪就能让你跻身英国最富有的5%，或者全球最富有的1%人群之列。看起来，即使我们很富有，往往也不会这么认为。

事实上，你对货币的思考越多，对货币的看法就越矛盾。比如，货币的一个关键特征就是，它应该是一种衡量财富的可靠标准。然而，如今高度金融化的全球经济，总会没完没了地出现泡沫和崩溃，这就足以说明：货币是非常不稳定的。

一些经济学家认为，货币根本就不是一种实物，应该把它看作是一个抽象的概念。在我们这个充斥着虚拟法定货币的时代，这么说当然是有道理的。但如果真是这样的话，为什么我们在付款的时候，感觉就好像交出了一件珍贵的物品呢？

货币本来应该让价值的概念变得更清晰、更客观，以便我们做出更理性的选择，但我们往往把货币当作一个相当无聊和抽象

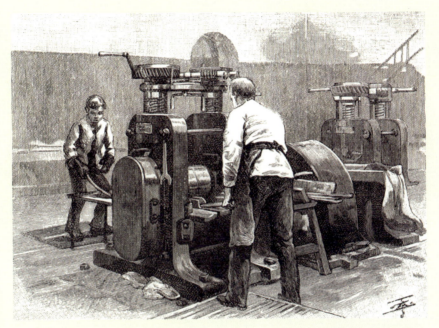

▲19世纪的硬币轧制车间。

的话题，把它留给报纸的商业板块去讨论。与此同时，谈论"货币"这个话题又会引起强烈的情感，这就是为什么在许多书籍和电影的情节中都会出现货币。货币可以把我们绑在一起，也可以把我们分开：在人的层面上如此（对钱的纷争是导致离婚的主要原因之一）；在整个国家层面上也是如此（你不妨看看欧元危机的例子）。

有人可能会认为经济学家应该是谈论货币的专家，但事实上，货币这个话题在经济学中的作用小得令人惊讶。长期以来，主流经济学家一直轻视甚至忽视货币，只把它当作一个度量衡，而不是一个实体。经济学家们没能预测到2007—2008年金融危机的一个原因就是，他们使用的分析模型中没有包括银行。正如英格兰银行（Bank of England）①前行长默文·金（Mervyn King）曾经指出的那样："大多数经济学家在谈话中几乎不会出现'货币'这个词。"就像性或者权力一样，货币很少被公开谈论。

本书将探讨货币这一迷人的话题，通过讲述它的故事，来解释人们对货币的各种问题和担忧。我们的讲述范围从大约3000年前货币最早的形态开始，一直讲到世界各地的现代化金融中心。

这本书的大致脉络如下。第一章从货币的起源讲起。最早的货币起源于古代美索不达米亚的一种记账系统。同时还会讲到古希腊和古罗马铸币的出现以及传播。第二章讲述在中世纪时期，货币如何展现出了它不为人知的另一面。当时金属铸币短缺，越来越多的虚拟信用工具补上了这一缺口，比如支票、汇票以及首次出现的纸币。

第三章讲述随着欧洲殖民扩张，金属铸币如何强势回归，以及金本位制是如何在数百年间强化了世界的金融秩序的。第四章讨论了法定货币的兴起。我们会从18世纪早期巴黎的约

---

① 英格兰银行是英国的中央银行。其主要职责包括发行货币、管理国债、执行货币政策等。——译者注

翰·劳（John Law）①开始讲起，一直讲到新千年开始时欧元的诞生。

第五章描述了经济学领域如何应对——或者更确切地说是没有应对——从亚当·斯密（Adam Smith）②时代就开始出现的货币问题。第六章研究了货币形成的态势如何导致了金融泡沫和金融危机。第七章讨论了加密货币和无现金社会的到来。最后，第八章探讨了诸如行为经济学等经济学新方法在货币问题上会教给我们些什么，以及我们可以从货币的历史中学到些什么。

在此提醒读者注意，货币当然是一个复杂的全球性现象，它的历史由许多不同的线索串联而成。本书研究的出发点是关注货币的发展；特别是在西方，货币是如何与经济思想的发展共同进化的。之所以采取这种研究角度，其原因正如我们将要看到的那样，就是我们关于货币的观念不仅塑造了主流货币体系，也被主流货币体系所塑造。

人们都说货币会说话③，所以这本书会让我们来听货币说了些什么。我们首先讨论的是发明这种非凡的、反复无常的、有创造力的、不可预测的、经常是危险物质的东西的古代会计师。

---

① 约翰·劳（1671—1729），苏格兰裔金融家和投机家，也是18世纪早期法国的财政总监。他在法国引入了纸币，被认为引发了通货膨胀，并导致有记录的最重大、最特别的一次金融危机，后来以"密西西比泡沫"而闻名。——译者注
② 亚当·斯密（1723—1790），英国经济学家、哲学家、作家、古典经济学的主要创立者。亚当·斯密强调自由市场、自由贸易以及劳动分工，被誉为"古典经济学之父"。——译者注
③ 原文为"money talks"，是一句英文谚语，意为"金钱万能"，相当于中国谚语"有钱能使鬼推磨"，直译为"货币会说话"，后文同。——译者注

目录 CONTENTS

第一部分
过去的货币

第一章　过去的货币

提到货币的起源，我们往往会想到这样的情景：在很久以前的某个时刻，它作为物物交换的替代品出现了。这种说法至少可以追溯到亚里士多德（Aristotle）[1]。他在《政治学》（*Politics*）一书中说，人们使用货币主要是为了方便："各种生活必需品不易搬动，因此大家同意用某种本身就有用处而又便于携带的商品作为生活中彼此交易时的中介，比如铁、银以及类似的东西。"所以，这些东西就成了交易的媒介。而且为了将来的方便，"人们逐渐在上面打上印记，标明价值，免除称量的烦劳"。

亚当·斯密等经济学家后来也得出了类似的结论，认为货币作为物物交换的替代品是自然而然出现的。他在1776年发表的《国富论》（*Wealth of Nations*）为现在所谓的"古典经济学"奠定了基础。在书中，他显然是基于当时对北美印第安人的了解，以猎人和牧人用"弓和箭……交换牛或者鹿肉"为例，为我们展现出当时以物易物的场景。同样，在他的书中，国家的作用也仅限于在金属上打上印记，标明它的价值；这有点类

---

① 亚里士多德（公元前384—前322年），古代先哲，古希腊人，世界古代史上伟大的哲学家、科学家和教育家之一，堪称希腊哲学的集大成者。他是柏拉图的学生，亚历山大的老师。——译者注

似于"为羊毛织布和亚麻织布戳印的官员"[1]。

在现代教科书中，如果讨论到货币的起源，通常也会把它描述为物物交换的产物，措辞往往和亚里士多德的表述惊人地相似。在大众文化中也是如此。正如19世纪经济学家威廉姆·斯坦利·杰文斯（William Stanley Jevons）[2]指出的那样，这种说法的逻辑确实吸引人："满载而归的猎人会有大量的猎物，他可能想要武器和弹药，以便继续狩猎；而那些拥有武器的人可能碰巧食物充足，于是直接的物物交换就不可能进行了。"这时，货币的发明就是解决这一实际问题的最佳方案。

> "有多少人把钱花在那些毫无效用的小玩意儿
> 上而毁了自己？"
>
> ——亚当·斯密

然而，关于货币的这一古老说法强化了两个观点。其一，除了便于携带和交易外，货币和其他商品并没有什么两样；其二，国家的作用只不过是等诸事落定，最后给货币打上印记，标明它的价值而已。

---

[1] 摘自亚当·斯密《国富论》第一卷第四章"论金钱的起源与应用"。《国富论》的译本很多，最早有严复的文言文版，后来又出了很多个精练本、图文本等。本书采用的译本是中央编译出版社出版的全译本（2010），谢宗林、李华夏译。——译者注

[2] 威廉姆·斯坦利·杰文斯（1835—1882），英国著名的经济学家和逻辑学家。他在著作《政治经济学理论》（1871）中提出了价值的边际效用理论。他是边际效用学派的创始人之一，数理经济学派早期代表人物。——译者注

这就好像给婴儿座椅颁发证书证明它的安全性一样，的确能起到令人安心的作用。但严格来讲，对于这个设施的实际功能，这个证书其实可有可无。总结下来就是：货币并没有什么特别之处。

正如我们在本书中将会看到的那样，我们在思考货币时经常涉及的这两个核心观点相当有误导性。但幸运的是，货币真的非常特别。

货币的起源

我们先从这样一个说法开始吧：有人说，在货币出现之前，每个人都靠以物易物来生活。要判断这个说法是否正确，去求助亚里士多德这样的古代哲学家，或者就这个问题而言，去求助现代经济学的教科书，可能都不是最好的选择。如果我们去询问真正研究这类事情的人类学家，他们会说，纯粹基于物物交换的经济似乎并不存在，或者（可能）从未存在过。

没错，当原住民最初遇到欧洲人的时候，他们之间的确经常进行物物交换。在18世纪的加拿大，哈德逊湾公司（Hudson Bay Company）甚至使用"海狸（Made Beaver，MB）"作为记账单位，"一海狸"代表一张雄性海狸皮的价值。他们还以"MB"为单位制作了各种面值的代币。但是，正如19世纪人类学家路易斯·亨利·摩根（Lewis Henry Morgan）①观察到的那样，北美印

---

①路易斯·亨利·摩尔根（1818—1881），美国著名的民族学家、人类学家，从家乡的易洛魁人开始，推而广之，深入研究了原始社会人类的社会制度、姻亲制度、氏族制度。——译者注

▲一枚哈德逊湾公司发行的代币，面值：一海狸（MB）。

▲易洛魁人的长屋，位于加拿大安大略省。

第安易洛魁人（Iroquois）之间的交易其实是在长屋（longhouse）中进行的。货物先存放在长屋里，再由妇女组成的委员会进行分配。一般来说，物物交换看起来是一种发生在陌生人之间甚至是敌人之间的特殊交易形式。"barter（以物易物）"这个词来源于古法语，意思是"欺骗"，因此它包含了抢劫潜在对手的意思。

另一种容易出现以物易物的情况是，人们已经习惯了一种货币体系，但由于某种原因，无法使用正常的货币，因此他们不得不用其他东西代替。例如，在美国的监狱中，香烟曾经扮演过这一角色。但根据2016年对美国一所监狱的研究，如今犯人们选来充当货币的东西是方便面。这当然算是一种更健康的选择。正如一名犯人解释的那样："你可以从一个人的储物柜里存有多少包方便面来判断他过得怎么样。'20包？哦，那家伙日子过得不赖！'"这些方便面可以付给其他囚犯来购买服务，比如清洁打扫或者洗衣服，或者购买从厨房偷出来的食物。香烟或方便面的一个优点是它们不受通货膨胀的影响：如果它们的价值下降，就会很快被消费掉。

即使在这种无法正常使用货币的情况下，人们更普遍地选择也是

▲一碗方便面。

1932年纽芬兰的鳕鱼邮票。▶

转而使用一套信用系统。亚当·斯密就描述过，在加拿大纽芬兰捕鱼业发展的早期，干鳕鱼曾经被当作过货币。他之所以这样说显然是支持一种观点：即便只是因为黄金闻起来没有鱼腥味，铸币也注定会取代干鳕鱼。但实际发生的情况是：渔民们以市场价格把鱼卖给经销商，并得到一笔信用额度，然后他们拿这些信用去购买日常用品。渔民们并不用鱼购买日常用品，也不以物易物，因为货币一直存在，只不过是以一种看不见的形式存在着。

◀一些充作货币的东西：黄宝螺、马尼拉铜手镯、狗牙和贝壳串珠。

对于各种以商品为基础的原始货币，人类学家可以举出很多例子。比如：古代墨西哥的可可豆；古代中国的黄宝螺；非洲部分地区的工具以及铁环或者黄铜手镯；苏门答腊岛上的人类头骨；加利福尼亚内陆地区卡洛克人（Karok）的啄木鸟头皮；

▲在西加罗林群岛（Western Caroline Islands），人们把这些雅浦岛大石盘当作货币。

等等。此外还有所罗门群岛上的羽毛、巴布亚新几内亚的狗牙、斐济的鲸鱼牙齿、北美殖民地的贝壳串珠，以及太平洋雅浦岛（Yap）上巨大而沉重的石头圆盘等。然而，一般来讲，它们的使用方式和货币是不同的——一位所罗门群岛的居民不会拿着一把羽毛出现在街角的商店里，雅浦岛上的人也不会滚着

一块大石盘买东西。相反，人们把这些物品作为社会中礼尚往来和重大安排的一部分，应用在诸如婚姻以及解决纠纷的过程当中。

货币起源说——认为货币是从作为交易媒介的商品，比如鱼、金属或其他某种物品中演变来的，同时也暗示了国家的作用是最后为货币打上印记。然而，这种对货币的看法忽略了打上印记这一行为的重要性。而且，说到货币，打上印记并不是提供了什么额外的方便——而是提供了一切。

不妨想想一张1美元的纸币。该纸币的正面有美国总统乔治·华盛顿的肖像，纸币的背面一侧是顶部有一只眼睛的金字塔，另一侧是白头海雕图案，还有各种签名和声明等繁复的装饰。如果我们暂时忽略这些图案，那么在这张纸币上最引人注目的就是对数字"1"的强调。在纸币的背面，四个角都标有英文字母大写的"ONE"和阿拉伯数字"1"，底部则写着"ONE DOLLAR"，纸面中间还有一个大大的"ONE"。在它的正面，也有4个阿拉伯数字"1"以及2个英文字"ONE"。它的正反面一共有16个地方写着数字"1"，就是在提醒你，你正在看的这张纸，它价值为1美元。

换句话说，货币的特殊之处就在于它使用了数字。所以，我们说货币就是由古代苏美尔人（Sumerian）（发明数字的人）发明的，这并不奇怪。

黏土货币

苏美尔人生活在美索不达米亚南部，位于底格里斯河和幼发拉底河之间，也就是我们现在说的中东地区。除了货币，苏美尔人还发明了文字、算术、一天分为24小时的计时方法、轮式车辆、啤酒，并提出了城市生活的整体概念。他们的城市——例如乌尔城（Ur），就在今天的伊拉克境内——经济繁荣，拥有成千上万的本地居民，同时还有农民为他们提供农产品。这些城市由神庙的祭司们统治。他们在黏土泥板上做记录，用来跟踪粮食分配和商业贸易情况。古代历史学家和博物馆观察者们称这些文字为楔形文字。

人类已知最早的文字发现于一块苏美尔泥板上，距今约5000年。泥板上面画着一个正在端着碗吃东西的人的头像，边上还画有一些圆锥形容器；碗象征口粮，容器代表啤酒。这块泥板可能是一个古代版的食物配给说明，也可能描述的内容相当于如今老板带员工出去喝酒的场景。

同他们的数字系统一样，神庙的会计使用60进制计算重量。公元前3000年左右，苏美尔人开始使用"谢克尔（shekel）"作为货币单位，1谢克尔银大约相当于8.3克银，或者一枚纯银戒指那么重。他们也用一定数量的谢克尔规定了其他一切物品的价格。《埃什嫩那法典》（*Laws of Eshnunna*）是以现今巴格达附近的一座城市命名的；这个法令中规定了各种商品的价格，其中体积的单位是"塞拉（sila）"，1塞拉大约相当于1升。

▲乌尔金字形神塔，建于4000多年前，位于今天伊拉克境内。

1谢克尔银可以购买600塞拉大麦。类似地，1谢克尔银可以购
买3塞拉精制油，12塞拉普通油，15塞拉猪油，40塞拉沥青，
360谢克尔羊毛，600塞拉盐，300塞拉草木灰，180谢克尔
铜，或者120谢克尔熟铜。

　　为了便于比较，在这里说明，我在写这本书的时候，市场上
银与铜的价格比例大约是1∶80。法典上规定，一个月的基本劳
动价值是1谢克尔银。这里还有一个古代苏美尔版租车的价格：

▲这张苏美尔泥板上描述了一个工人的啤酒定量。

雇佣一辆货车，连同牛和车夫一起，需要100塞拉谷物；如果用银子支付，需要1/3谢克尔银；车夫必须一整天听从调遣。

该法典对各种涉及人体伤害的违法行为作出了具体的惩罚规定：

如果一个人咬掉了另一个人的鼻子，罚金为60谢克尔银；戳瞎一只眼睛罚金是60谢克尔银；打掉一颗牙或咬掉一只耳朵罚金是30谢克尔银；掴别人一记耳光罚金是10谢克尔银。受罚者要按照上面的标准称量和交付罚金。

不过，尽管价格表上用谢克尔标明了价格，但这并不意味着人们真的要拿这么多银子去买东西，就如同加拿大新斯科舍省（Nova Scotia）的渔民们不用在钱包里放上鱼干一样。事实上，银确实在一定程度上以它的原始形式流通，但它并没有被打上印记或者被铸成硬币。相反，谢克尔更像一个信用体系中的记账单位。例如，一位农民使用的羊毛或啤酒可以在收获季节用相应的大麦支付，具体的数量是由官方价格计算出来的。大宗债务可以用楔形文字记录下来，放在黏土做成的信封里，在封口盖上借款人的印章。债权人保留信封，在偿还债务时打破封口，打开信封，从而结清债务。在某些情况下，泥板上写有承诺，承诺把钱还给任何拿着信封的人，这意味着收回债务的权利可以卖给另一个人。我们后面会看到，很多货币形式正是从债务开始形成的。

贷款利息的单位是"máš"，意思是"小牛犊"，这表示钱就像农场里的动物一样会繁殖。商业贷款的基本利率为每个月1/60，也就是每年20%。因为计数系统是60进制的，所以利息很好计算。

货币的发明以及有息债务的发明自然导致了破产这个概念的出现。当人们无法偿还这些债务时，他们就破产了。苏美尔统治者时不时会免除所有债务，也就是后来所谓的"债务赦免"。如今，减免债务的呼声仍然不绝于耳，在美国经常会听到有人呼吁取消发展中国家的债务，或者免除学生的贷款。

那么，支撑货币体系的真金白银到底在哪里呢？它被存放在神庙守卫严密的地窖里。但人们可以想象，在一个由单一宗教机构掌权管理的国家里，很少有人会刨根问底，真的去检查这些库存。因此，这些货币更像是虚拟货币，真正重要的是这些货币有国家的支持。这种情况在某种程度上类似20世纪20年代末到30年代的大萧条时期，在美国偏远的伐木或采矿营地里发生的事情。当时在那些地方，一部分工资是用公司的"白条"支付的，这种白条只能在营地的商店（也是唯一的商店）里购买东西。不同的是，在苏美尔，这家公司也经营神庙。

当然，苏美尔人并不是唯一想到货币这个点子的人，但在货

◄中国战国时期的铜贝。这些铜贝用青铜制作，形状似海贝，用作零钱。

币的存档记录方面，他们做得最好。古埃及有一套基于称量谷物的体系，称为"德本（deben）"。他们把小麦集中存放在仓库，这里实际上就是银行。在秦统一六国前，中国使用了多种形式的货币，包括黄宝螺以及各种信用工具，比如用有缺口的竹片记录债务。中国最早的金属铸币是用青铜、黄铜模仿黄宝螺的形状做成的铜币。

总而言之，苏美尔人有一套完整运作的金融系统，包括货币、债务、税收、法律处罚等。这个系统既不是建立在以物易物的基础上的，也不是建立在钱币的基础上的。我们与其像亚里士多德说的那样，认为货币是从以物易物交换中自然产生的，还不如把货币看成是一种精心设计的社会技术。在这些早期的货币形式（包括我们今天使用的货币）中，作为货币的商品本身并不重要——因为很多时候你根本看不见它，真正重要的，是数字。

▲阿尔忒弥斯神庙的现代复原图，它是古代世界的七大奇迹之一。

铸币

　　加拿大的马歇尔·麦克卢汉（Marshall McLuhan）是一位媒体理论学家。他曾经写道，"金钱万能"，因为"金钱是一种象征，是转换凭证，是桥梁"。他还写过一句著名的话："媒介即讯息。"而当人们赋予货币一种新的形式——铸币时，它就找到了一种新的发声方式。铸币这种媒介释放了货币的力量，它不仅改变了历史的进程，甚至也改变了我们思考和体验世界的方式。

　　已知的最早的铸币可以追溯到公元前7世纪，在吕底亚王国（Lydia）——它位于现在的土耳其境内。这些铸币是大英博物馆于1904—1905年在以弗所（Ephesus）发掘阿尔忒弥斯神庙（Temple of Artemis）时发现的。这些铸币呈椭圆形，由一种被称为"琥珀金（electrum）"的金银合金材料制成。制作这种铸币的

◀这些铸币是在阿耳忒弥斯神庙的遗址发现的。人们认为这是最早的古希腊货币。

方式是把一块没有标记的空白圆形金属放在模具顶部，模具上有一个狮子头的形象，然后冲压金属成型。

正如亚里士多德以及后来的经济学家们指出的那样，用这种新出现的铸币作为交易媒介有许多优点。它是一块金属，所以有自己的固有价值，同时也很便于携带和运输。它可以精确称量，并且可以打上印记认证，这意味着它在一个特定区域内总是被接受的。但这些铸币并不是用来进行日常小额交易的，因为它们的价值实在太高了。1斯塔特（stater，它是从谢克尔转化而来的）[①]重约14克，可以支付当时一个月的基本工资。小一些面额的铸币最小有1/96斯塔特，但最常见的是1/3斯塔特的铸币，大约相当于当时10天的工资。

---

① 斯塔特是古希腊的一种通行货币。流通时间大致在公元前8世纪至公元1世纪。——译者注

▲一枚四德拉克马银币，上面是亚历山大大帝的肖像。

　　吕底亚人是活跃的商人，虽然不清楚当时他们在多大程度上使用铸币进行交易，但铸币这个点子肯定传播到了周边地区——最先是传到了小亚细亚（Asia Minor）沿海地区的希腊城邦，然后从那里又传到了大陆地区以及周围的岛屿。到公元前600年，大多数希腊城邦都开始生产自己的铸币。从那以后，正如我们后面会看到的那样，控制货币供应的权力，以及指定法定货币的权利，一直是定义国家地位的特征。

> "金钱是一种象征，是转换凭证，是桥梁。"
> ——马歇尔·麦克卢汉

　　这就是说，铸币的真正目的和日常生活中的需求关系并不

▲另一枚印有亚历山大大帝肖像的铸币。货币不单是一种交易手段，还是一种宣传工具。

大，相比之下，和国家的需求关系更大。当然，货币助推了市场的发展，但正如历史学家迈克尔·克劳福德（Michael Crawford）指出的那样，这实际上是"铸币带来的偶然结果"。而货币的主要用途，是为昂贵的战争提供资金。

当时，国家最大的开支就是养活一支军队，而铸币可以巧妙地解决许多后勤问题。国家用开采或者掠夺来的金属付给军队，军队用这些铸币购买食物和补给，然后国家再要求人们用铸币交税。事实上，普通老百姓为了交税，必须要拿到这些铸币。他们可以选择为士兵提供食物或者住房，这样就解决了军队的后勤问题。

在某种程度上，这只是把一个多多少少已经存在的系统规范化了而已。长期以来，士兵和雇佣兵们都能从战利品中分得一杯羹。而像黄金这样流动性强、容易改变形状的资产，在前往（或者入侵）他国时，尤其有用。国家在铸币上打上印记，保证它们的价值，至少在由军队控制的地区保证它的价值。而提供补给的人需要拿到铸币来交税，这就进一步保证了人们对铸币的接受程度。整个系统就像一个游戏，由国家制定规则，由军队强制执行规则。

古希腊的基本货币单位是"德拉克马（drachma）"。在希腊语里，这个词的意思是"抓住"或者"夺取"。它是重量单位，相当于一把谷物的重量。当时使用最多的是"四德拉克马银币（tetradrachm）"，相当于4德拉克马。这种硬币的一面是雅典娜女神的肖像，另一面印着猫头鹰，象征智慧的雅典人。这种铸币每一枚含有15～20克银，相当于一个非技术工人两个星期的工钱。这些白银是从银矿中开采出来的，比如拉夫里翁（Laurium）银矿，它位于雅典南部大约50千米处，有大约2万名奴隶在这个银矿工作。

亚里士多德的学生亚历山大大帝（Alexander the Great，公元前356—前323年），把这套系统应用得日臻完善。亚历山大大帝在征服波斯帝国期间，每天用于支付十万大军的军饷高达半吨白银。这些白银大部分来自波斯的银矿，由战俘作为劳力开采，然后再铸成亚历山大大帝自己的钱币。这些铸币的背面是古希腊神话中至高无上的神宙斯的肖像，正面是大力神赫拉克勒斯的肖像。

亚历山大大帝又继续入侵美索不达米亚的巴比伦王国。他强制更新了那里的金融系统，清除了已有的信用体系，并且坚持要求他们用他的铸币交税。

古罗马

由此可知，和苏美尔人的信用体系不同，铸币并不是自己产生的。在每一个例子中，它们都是由国家强制流通的产物。同时，货币创造出自己的市场和机构，比如银行和外汇兑换商，而这些新生事物又不断推陈出新。货币还带来了新的社会互动和社会交易，它为所有人提供了一套清晰的规则，协助并且控制了这些社会活动。由于正式的数学计算成了日常生活中的重要组成部分，货币也因此改变了人们的思维方式。在古希腊和世界其他一些地方，当货币出现后，就迎来了科学、政治和文化艺术上的繁荣，这也许并非巧合。

亚历山大大帝32岁

▲朱诺·墨涅塔神庙。据推测，这是公元312年这座神庙在古罗马时代的样子。

时死在巴比伦（死因众说纷纭）。在此之前，他带领军队征服的疆土包括中东、波斯、埃及，以及阿富汗、中亚和印度的部分地区。与今天美元的强势地位类似，基于军事实力，亚历山大大帝的铸币一直持续铸造和发行了大约250年。文化往往会跟着货币一起传播。正因为如此，这些铸币传播到了世界各地，被人们收藏进了图书馆——比如以这位英雄的征服者命名的埃及亚历山大市那座著名的图书馆。同时，这也是为什么在现代的教科书中仍然讲授着亚里士多德货币理论的一个原因（因为亚里士多德是亚历山大大帝的老师）。

古罗马的许多领导人和将军都非常崇拜亚历山大大帝。庞培（Gnaeus Pompey）的"大将军（the Great）"这个绰号，就是模仿他儿时心目中的英雄而获得的。庞培甚至连发型都模仿亚历山大大帝，梳成了他特有的"阿纳斯托尔式"发型——也就是从

▲一枚古罗马银迪纳厄斯（denarius）铸币。上面是庞培的肖像。

前额开始，把头发往上梳［不过也可能是因为他不喜欢凯撒大帝的锅盖头式发型——脸书（Facebook）的马克·扎克伯格（Mark Zuckerberg）就模仿的这一种］。随着罗马帝国日益强大，希腊人发明的铸币为它的对外扩张提供了动力。

"货币"这个词来自古罗马最早铸造硬币的地方——朱诺·墨涅塔神庙（temple of Juno Moneta）。朱诺·墨涅塔（Juno Moneta）是保护财产的女神。其他各行省也设有铸币厂。到公元前2世纪，流动铸币厂有时甚至会和军队一起行动，就好像一台自动提款机。政府的最大开支一直是军队，而货币制度的主要目的就是维持这部军事机器的平稳运行。

铸币用到的材料有三种：金、银和青铜。一直以来，铸币上的印记不仅明确证明它的金属含量，而且也在定义和彰显帝国的权力。古罗马早期的铸币一般都铸有罗马的传统形象，比如双面神雅努斯（Janus）。随着时间的推移，铸币的设计变得越来越政治化。皇帝、执政官甚至钱商都把自己的名字铸到了硬币上。这些铸币的一面通常是神情肃穆的现任皇帝，背面则是一些宣传图案。

大额的交易，比如购买昂贵的房产，是基于信用完成的。正如古罗马政治家和法学家西塞罗（Cicero）①所写的那样："nomina facit, negotium conficit。"这是一句拉丁文，意思是"发放债券，完成交易"。债券对应账本上的一个条目，可以在某种原始的债

---

① 马尔库斯·图利乌斯·西塞罗（公元前106—前43年），古罗马著名政治家、哲人、演说家和法学家。——译者注

券市场上从一个人转让给另一个人。这种金融交易中心叫"广场"，放款人聚集在一条叫作"交易所"的长廊里。在一个古老的信用评级体系中，人们把欠债不还的人的姓名刻在一个"梅尼亚圆柱（Columna Maenia）"上。负责在各行省收税的是被称为"包税商（publicani）"的私营公司，它们也负责安排资金的转移和调配。如果想把钱寄到西班牙或者北非的偏远地区，可以先把钱或债券存入罗马的分行，然后再在目的地那边的分支机构把钱取出来。

▲一枚古罗马银币。正面是双面神雅努斯；背面描绘了一辆四马战车在飞驰。

在小额消费中似乎也可以获得贷款。古罗马诗人奥维德（Ovid）在他的《爱的艺术》（*Ars Amatoria*）一书中，给年轻男子提供了一个永不过时的建议，告诉他们如何取悦一个"总是想着购物"的情人：

"如果你抱怨手头不方便，没关系，写下一行字就够了；不过是一笔小账单，而且不用马上付款。（现在，你可以诅咒你学会写字的那一刻了。）"

——奥维德

兴盛与衰落

最常见的罗马铸币是"迪纳厄斯（denarius）"，相当于古希腊的"德拉克马"。这个名字来自拉丁语的"deni"，意思是"十个"，因为它相当于10个面值更小的铸币——"阿斯（ass）"。今天，你可以在很多国家的语言中看到"迪纳厄斯"这个名字，例如意大利语的"钱（denaro）"、西班牙语的"钱（dinero）"和葡萄牙语的"钱（dinheiro）"；在另一些国家（主要是伊斯兰国家），"第纳尔（dinar）"就是现在的货币单位。

这种铸币的直径约为20毫米，最早是在公元前211年左右铸造的。1迪纳厄斯里面大约含4.5克的近似纯银，当时可以用来支付一名士兵或普通工人一天的工资。人们铸造了数以亿计的硬币。据估算，仅在公元2世纪中期，罗马帝国每年的开支就达到2.25亿迪纳厄斯，其中大约有75%用于军费。

随着时间的推移，皇帝们养成了一个习惯，他们召回铸币，然后重新发行面值相同但银含量较少的铸币。多出来的白银可以卖掉，这是一个简便易行的牟利之道。在这里，我们看到了货币

▲古罗马皇帝图密善（Domitian）统治时期（公元51—96年）的铸币。

的两面性产生的矛盾，也就是虚拟数字和实体对象之间的矛盾。在古代苏美尔，谢克尔和白银之间的联系大多是理论上的，但在古罗马，士兵们总可以变卖充当工资的铸币，换来真金白银，而皇帝也可以做同样的事。

另一个问题是，由于罗马本土的物产很少，所以货币不断流向国外。而罗马人对印度、中国等国家的舶来品消费越来越多，导致货币的外流速度更快了。到公元3世纪，随着对外征服活动的减少，贵金属的供应也越来越少。最终，在4世纪，罗马帝国本身的规模在不断缩小，但军队的规模却膨胀到65万人，供养军队的开销越来越大。

我们从迪纳厄斯的含银量上就能看出罗马帝国的衰落。它从

▲古罗马皇帝哈德良（Hadrian）统治时期（公元76—138年）的一枚铸币。

最初95%～98%的含银量慢慢下降，到公元3世纪中叶，降到了大约50%，后来甚至跌到2%左右。最后在公元280年，这种铸币就只是在一块铜板外包裹了一层薄薄的银。铸币的贬值导致了严重的通货膨胀，而为了应付开支，国家又只能发行越来越多的铸币。在公元274—275年这短短一年中，恶性通货膨胀导致物价上涨了100倍。直到公元312年，君士坦丁一世（Constantine I）发行了苏勒德斯金币（solidus coin），才制止住这种混乱。这种金币每一枚含有4.5克纯金，相当于27.5万迪纳厄斯。这种铸币后来被称为"拜占庭金币（bezant）"，并且持续铸造发行了大约7个世纪。

▲一枚君士坦丁大帝统治时期（公元306—337年）的铸币。

货币的两面性

现在来总结一下，到目前为止我们都讲了些什么。货币并不是从物物交换中自然产生的，我们最好把它看成是一种精心设计出来的社会技术。它包含了相互矛盾的两个方面：其一是货币的数字，其二是货币代表的实体。尽管苏美尔的"谢克尔"指的是白银的重量，但它强调的是货币的数字方面；而铸币强调的则是前者，尽管后期古罗马铸币中的银含量在流通和反复重铸中变得越来越少，但强调的内容是不变的。正如我们将会看到的那样，纵观历史，货币一直是这样，在虚拟数字占主导地位和具体实体占主导地位之间来回摆动。

货币在本质上具有两面性，这有助于解释它的一些更令人困惑的属性。数字方面和实体方面的属性是非常不同的。数字永远不变地遵循永恒的数学定律，例如，2+2=4，这个等式永远成立。而实体方面往往会随着时间的推移而发生变化。数字和实体之间在本质上的不兼容，意味着货币在本质上是不稳定的，容易出现突然的变化。在下一章中，我们将会看到它是如何在中世纪完成这样一次转变的。

第二章　虚拟货币

古罗马帝国的衰落造成了贸易活动、市场甚至城市规模的急剧萎缩。古罗马的人口从公元 2 世纪时的 100 万人下降到公元 550 年时的 3 万人左右。基督教和伊斯兰教的宗教权威填补了这一权力真空。他们并不铸造打上印记的铸币付给士兵薪水，而是更喜欢把贵金属贮存在教堂和修道院里。通常的做法是把这些金属熔化，用于各种神圣象征物品的装饰。

这一变化带来的其中一个结果就是货币变得越来越虚拟化。这一现象也发生在印度和中国。就像苏美尔人的谢克尔一样，货币变成了一种抽象的记录数字的工具，而不是可以拿在手里掂出分量的实物。和之前一样，这一次的货币革命同样发源于美索不达米亚；但不同的是，这一次的革命是由伊斯兰的放债人领导的。和今天一样，伊斯兰金融不允许发放高利贷，但允许分享红利，或者收取一定的服务费用。这一套系统非常依赖信用票据，其中包括一种被称为"即支票（sakk）"的本票。这类交易只靠签名作支撑，说明在商业中，一个人的声誉或者信誉是至关重要的。"信誉（credibility）"这个英语单词来自拉丁语的"credere"，意思为"相信"或者"信任"。

"所有的金钱都是一种信念。"

——亚当·斯密

正如我们在上一章看到的那样，货币的发明与数字的发明密切相关。因此，信用系统的发展与数学领域负数的发现同步发生，也就不足为奇了（负数这个概念对于把信用卡内的额度全部用光过的人来说一定很熟悉）。公元7世纪，印度数学家婆罗摩笈多（Brahmagupta）①首先解释了负数和数字"0"的作用。在他完全用韵文写成的著

▲意大利数学家列昂纳多·斐波那契的手稿。他推动了阿拉伯数字的普及。

作《婆罗摩历算书》（*The Opening of the Universe*）一书中，他把正数称为"财富"，把负数称为"债务"，这就清楚地说明了数字和金钱之间的联系。"0"是唯一一个其负数就是它本身的数字（这个概念不是他发明的，但他的确展示了如何在等式中使用

---

① 婆罗摩笈多（约公元598—660年），印度人，在数学、天文学方面有所成就，编著了《婆罗摩修正体系》《肯达克迪迦》。——译者注

▲意大利数学家卢卡·帕乔利的《算术、几何、比及比例概要》中的一页。帕乔利是复式记账法的先驱之一。

"0")。他的书经过翻译后，书中的概念传遍了整个伊斯兰世界。数字"0"被纳入到阿拉伯数字系统中。随着摩尔人对西班牙的征服，这些概念又从那里传到了欧洲。

意大利数学家列昂纳多·斐波那契（Leonardo Fibonacci，1170—1250年）推动了阿拉伯数字的普及。他在现今阿尔及利亚境内的布吉亚（Bugia）长大，在那里接触了阿拉伯数字。1202年，在他出版的《计算之书》（*Liber Abaci*）中，他展示了如何用阿拉伯数字进行除法或者乘法运算，这比用罗马数字方便得多。书中还有许多例子涉及了金融活动，比如兑换货币、计算利息、记账等，这本书很快在商人中找到了读者。

教会和欧洲各国都不太愿意接受阿拉伯数字，他们担心像"3"这样的数字会轻易地被修改成"8"。但这也许是因为排外综合征在作祟。1299年，佛罗伦萨市政府甚至禁止使用阿拉伯数字。然而，商人们继续在算账工作中使用阿拉伯数字——在英语中，"cipher"这个词的意思是"编码"，是根据阿拉伯语"零（sifr）"的发音而来。而负数的概念是复式记账法的关键。1494年，意大利数学家卢卡·帕乔利（Luca Pacioli）在他的《算术、几何、比及比例概要》（*Summa de arithmetica*）一书中完整阐述了复式记账法。这种记账法之所以叫复式记账法，是因为每笔交易都会记入两个不同的账户里，一个作为借方，另一个作为贷方。因此，所有借方的总和应该等于所有贷方的总和，就像一个正数和它的负数相加为零一样。这么做很容易就能发现记账中的错误，非常有用。

封建制度

在中世纪，信仰基督教的欧洲遵循一种等级森严的制度，即封建制度。最高权威是君主，他把土地分给贵族领主，领主再把土地分给诸侯。这些诸侯要做所有的苦差事，比如种地和打仗。领地是相对封闭、自给自足的社区，领地上的佃户用

▲一枚英国忏悔者爱德华（Edward the Confessor，1042—1066年在位）统治时期发行的铸币。

农产品或者劳力支付租金以及赋税，而不用铸币支付。权力最大的领主是教会，它同时主宰着人们对经济问题的思考。教会禁止发放高利贷，并且认为，对财富本身的追求是一种大罪。

当时，日常小额交易中会使用铸币；这些铸币大多是铜币，币值很低。币值更高的是一种叫德尼厄尔（denier，用符号"d"表示）的银币，它的名字来源于古罗马的迪纳厄斯。12个德尼厄尔相当于1苏（sou），20苏等于1里弗（livre）——在意大利叫1里拉（lira），它们在理论上和1磅白银的价值相等。然而，苏和里弗都只是记账时的抽象单位，240个德尼厄尔中的白银重量不到1磅（例如，一个法国德尼厄尔银币的重量只有1.2克）。英国版的德尼厄尔叫作便士（penny），同样用符号"d"表示。12个便士相当于1先令（shilling），而不是1苏；20先令相当于1英镑（pound sterling），而不是1里弗。这一币制系统一直沿用到英国

1971年实行十进制时为止①。

人们还铸造币值更高的铸币，用于国际贸易中的大型交易。例如，在佛罗伦萨铸造的弗罗林（florin）中，每枚就含有3.5克黄金。在1252—1533年的货币铸造过程中，无论是在图案还是在含金量上，都没有

▲一枚佛罗伦萨共和国1486年发行的弗罗林金币。

太大的变化。这种铸币的一面是这个城市的百合花徽标，另一面是施洗者圣约翰穿着苦行僧的粗毛布衬衣的形象。使用这个形象可能是为了打消人们购买一些非必需品的念头。威尼斯的杜卡特金币（ducat），俗称"公爵币（duke's coin）"，也是差不多的大小，于1284年开始发行。这两种铸币都有许多地方版本，比如荷兰盾（guilder），用符号"Fl"表示，这个缩写就来自弗罗林。直到20世纪早期，仍然有人在用杜卡特金币。

和古罗马一样，君主们常常忍不住把自己发行的货币当作贵金属资源加以掠夺。14世纪和15世纪，仅在法国，货币平均每两年就要贬值一次。这也许可以解释我们为什么用"seigniorage（铸币税，同时也是君权的意思）"这个法国单词来描述利用货币发行赚钱的过程。1349年，法王腓力六世（Philip Ⅵ）在这样一次对货

---

① 1971年2月15日，英格兰银行实行新的货币进位制，辅币单位改为新便士（New Penny），1英镑等于100新便士。——译者注

▲威尼斯共和国发行的杜卡特金币。

币的贬值操作中，为自己带来的财富约占当年总收入的70%。

同样还有另一种更直接的方法，就是将货币进行"重铸"。在这一做法中，铸币只在一定的时间内有效。人们必须定期交还旧的铸币，换回新的铸币，而且还要收费。10世纪末，在英国，铸币每6年召回一次，以3枚新币换4枚旧币的比例换成新铸币。因此，铸币税为每6年25%。在德国、奥地利和斯堪的纳维亚半岛，12世纪和13世纪使用的主要铸币是薄片币（bracteate）。这些铸币只在小范围内流通，比如小城镇或者某个地区。这种铸币用极薄的银片制成，加盖印记时需要把它放在柔软的表面上，这样印记才会在另一面凸出来。这种铸币使用不了多长时间。但这不是问题，因为它们每年都要被召回两次，每年的铸币税高达50%或者更高。

▲一枚丹麦国王"蓝牙"哈拉尔一世（Harald I Bluetooth）发行的铸币（10世纪）。

▲一枚12世纪德国阿斯卡尼王朝（Ascanian dynasty）发行的铸币。

显而易见，除了君主，没人喜欢"重铸"货币。但这样做有一个优点，就是不会造成通货膨胀。在这段时间的欧洲，通货膨胀率一直很低。通过"重铸"货币获得的铸币税如今被称为"格塞尔税（Gesell tax）"。这是以德国经济学家西尔维奥·格塞尔（Silvio Gesell）的名字命名的。格塞尔认为，这种做法相当于一种负利率，可以鼓励消费，拉动经

▲西尔维奥·格塞尔（Silvio Gesell）。

济。他在1913年写道:"货币只有像报纸一样转眼就过时,像土豆一样会腐烂,像铁一样会生锈,像乙醚一样会蒸发,才能经受住考验,成为用来交换报纸、土豆、铁和乙醚的工具。这样,不管是买方还是卖方都不会拿货币当商品……如果我们希望货币成为更好的交易媒介,就必须让它成为更劣质的商品。"

木制货币

在我们后面讨论的一些替代性的货币方案中,也都采用了类似的负利率形式。比如航空公司的里程积累,通常都要在一定的期限内使用;否则,就会失效。货币的发行者同时也控制着货币的购买力,这一事实再次提醒我们货币的两面性——也就是虚拟的数字和实体商品之间的矛盾。12世纪初,当英王亨利一世(Henry I)开始实行一种以木棒记账为基础的支付体系时,货币的两面性就表现得更清晰了。

这种木棒叫作"符木"(tally),是将榛木或者柳木打磨后制成的,最初被用来记录债务。人们首先要在符木棒上刻上凹痕,表示债务的数值。在12世纪一部名为《关于英国财政的对话集》(*The Dialogue Concerning the Exchequer*)的论著中,描述了符木棒的使用方法:"从符木的顶端开始往下砍出切口,一只手掌的厚度代表1000英镑;一个大拇指的宽度代表100英镑;一个小拇指的宽度代表20英镑;一粒饱满的大麦粒的宽度代表1英镑;1先令的宽度很窄;而1便士就是在木棒上砍上一刀但不砍下任何木

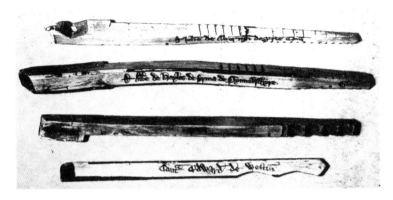

▲用于收税的符木棒。

屑所留下的痕迹。"

　　然后，这根符木棒会从中间纵向劈开，这样两边都有一样的刻痕，代表一样的债务数额。债权人保留的那一部分木棒稍长，叫作"股（stock）"——这也是"股市（stockmarket）"这个词的来源。债务人保留木棒的另外一部分，叫作"存根（stub）"；这一部分的木棒稍短，所以英语中"拿到了较短的木棒"（getting the short end of the stick）这句话就演变成一句惯用语，表示在交易中"吃亏了"。当债务结清后，股（正数）和存根（负数）会合并在一起，符木棒会被销毁（因为正数和负数加在一起为零）。这些木棒比羊皮纸更耐用，而且不需要识字就能看得懂。因此，它是中世纪版本的苏美尔泥板，只不过用木头取代了黏土而已。

　　在大约7个世纪的时间里，英国财政部一直用这种方法收税。同时，符木棒本身也作为一种货币进入流通领域。比如，国家持有一个符木"股",代表某个地方的税务官欠它的债务。这时,与其等着那位税务官付清债务,国家还不如把这个符木"股"支付给供货商。供货商可以稍后从税务官那里收钱,或者用它来支付自己的税款,甚至还可以打折把符木("股")卖给中间人,中间人等到债务到期时再去收钱。在中世纪的中国也存在类似的系统,只不过中国的"符木"是用竹子制成的。

英国的符木棒一直用到了1826年。1834年,人们把剩下的符木棒收集在一起,放在英国上议院的一个炉子里烧掉。但火势失控,把整座建筑都烧毁了。现在的威斯敏斯特宫(Palace of Westminster)是在原来的地址上新建的。

汇票

1295年,当威尼斯旅行家马可·波罗从中国返回时,带回了一种新型的虚拟货币的概念。他在《马可·波罗游记》(*The Travels of Marco Polo*)一书中,描述了元朝一种在忽必烈汗管理下的奇特系统。在这个系统中,人们把一些盖有皇家印玺并有签字的纸张当作货币:"所有这些纸币的发行同样郑重其事,权威性一点不差,就像发行纯金或者纯银的货币一样……每个人都愿意接受它们。一个人无论走到哪里,只要在大汗统治的疆土内,这些纸币都能流通。它们可以用来买卖任何商品,就像

▲1834年10月16日，英国上议院被大火烧毁。

纯金的铸币一样通用。"这一系统显然发挥了作用，因为当时中国的经济运转良好。而且从国家的角度看，这种做法的好处在于，他们可以留住真正的黄金白银，而不用把它们作为货币发行出去。

欧洲的银行家和金匠们很快就学会了这种方法，但他们的规模较小。他们发给存款人纸质的本票，承诺向任何持有本票的人支付钱款。这些纸张被称为"nota di banco"，这也是"纸币"（banknote）这一英文单词的来源。金融技术的下一个重大飞跃是一种私人货币，叫作"汇票"。

▲13世纪出版的《马可·波罗游记》中的一页。

在那个国际贸易迅猛发展的时代，使用铸币发生了许多问题。铸币经常遭到"修剪"，就是被人从边缘刮去少量金属，品相通常变得很糟糕[1]。1529年，法国国王弗朗索瓦一世（Francis I）为了赎回代替他充当人质的两个儿子，支付了1200万埃斯库多（escudo）[2]。西班牙人花了4个月的时间清点和检验这些铸币，有4万枚因为不合格而被拒收。铸币在对外贸易中也相当不实用。如果一个佛罗伦萨的商人想从巴黎的供货商那里进口商

---

① 当时有些人，包括政府会从硬币边缘刮下一些贵金属牟利。——译者注

② 葡萄牙的货币单位。——译者注

品，理论上，他可以把铸币真正带到法国，然后在那里换成当地的货币。但这么做问题很多。首先，这个过程会很慢——这趟运输可能要花掉几个月的时间。其次，这一路也很危险，因为遇到强盗是家常便饭。最后，在对方的地盘兑换货币也会产生更多的费用。

> **"我告诉你们的还不及我看到的一半。"**
> ——马可·波罗

因此，商人们使用了一种叫作"汇票"的工具。这其实是一纸证明，指示银行家或者代理人以开票人的名义支付钱款。商人可以从佛罗伦萨的一家银行购买一张汇票，这张汇票允许他以一个事先约定好的汇率，从巴黎的一家银行或者代理机构中提取等额的货币。汇票和支票不同，后者在14世纪才在欧洲出现；汇票的提现或者存储都只能由本人亲自办理。

汇票中的金额通常使用虚拟的货币单位，比如"苏"。这种汇票有两套事先约定好的汇率，一套汇率针对购买商品时的当地货币，另一套针对目的地的货币。汇率中还考虑了佣金，即用以支付银行的费用。

这套系统和圣殿骑士团的系统很类似。不同之处在于，它不仅可以为富人和权贵们服务，也可以为广大商人阶层服务。在一些城市中，国际贸易展销会越来越普及。比如在里昂，每季度都举办一次。在这些展销会中，使用现金的交易越来越少。交易完成后，银行家们会聚在一起，商定汇率，收支相抵，然后使用汇票结算没有抵销掉的余额。

高利贷

汇票不仅润滑了贸易的车轮，还有其他用途。例如，汇票可以被用来进行货币投机，可以让人一夜暴富。

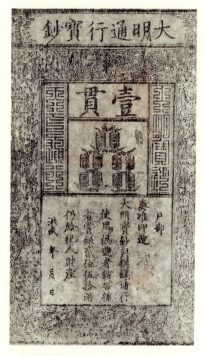

▲大明通行宝钞

事实上，汇票的一个主要优点就在于，它可以让人选择不同国家的货币流通体系，这一点在汇率因为战争或者货币贬值而波动时很有用处。汇票也可以作为一种借款的形式。如果一个人需要短期无抵押贷款，就可以卖出一张自己的汇票，并约定在下次展销会时偿还。贷款的佣金相当于每季度2%~3%的有效利率。

对基督徒而言，放高利贷是被教会严格禁止的。它被认为

▲一幅17世纪的荷兰油画，描绘的是一位老妇人正在称金子。

是贪婪之举，是一种不可饶恕的罪。此外，放高利贷也被认为是一种偷窃——因为高利贷利用时间赚钱。教会对高利贷的看法部分来自亚里士多德的观点。在当时新建的大学中——比如博洛尼亚（1088年）、巴黎（约1150年）和牛津（1167年）的大学——都在讲授他的观点。根据亚里士多德的说法，利用货币获得的任何利润都是偷窃："我们完全有理由认为，最臭名昭著的就是高利贷。高利贷利用钱来赚钱，而不是利用货币的自然实体赚钱。货币是用来交易的，而不是用来赚取利息的。这种形式的利息，等于用钱生钱，就如同金钱可以繁殖一样，因为下一代和上一代一样。因此，在获得财富的所有方式中，这是最不自然的一种。"①

　　这种对时间和利息的观点有一个好处，就是对于建设大教堂这样的大型项目来说，不用考虑时间因素了。许多城市，比如法国北部的亚眠（Amiens），借了大量贷款修建他们的大教堂，建设过程能持续几个世纪。现代政府对货币的时间成本非常敏感，他们可不愿意做这样的项目。然而，古老的大教堂是欧洲最持久的纪念碑，而且在经济方面，它们通过旅游业，持续地促进了当地经济的发展。

　　然而，随着经济的发展，货币的作用越来越大，在新成立的大学以及其他地方，人们开始讨论高利贷是否真像人们说的那样

---

① 引自亚里士多德《政治学》第一卷第十部分。——译者注

不堪。毕竟，人们可以把贷款利息看作是一种补偿，用以补偿贷款未能偿还的风险，或者补偿这笔钱不能用作他途的事实。因此，尽管教会从未停止谴责高利贷，但总体而言社会对它更加宽容了。其中的一个变通方法就是，债权人可以要求债务人购买违约保险。

机械时钟的发明和改进也让时间和金钱之间的联系变得更加具体。这些时钟最初是用来提醒修道院和教堂的敲钟人的，但很快就被用于规范工作时间，并最终扩展到日常生活的方方面面。1748年，本杰明·富兰克林（Benjamin Franklin）[①]在《给一个年轻商人的忠告》（*Advice to a Young Tradesman*）中是这样写的，"切记，时间就是金钱"，因为如果一个人"每天可以赚10先令"，但他拿出半天的时间休息或者出去玩了，那么"他其实花掉了，或者应该说是白白扔掉了另外5先令"。

> **"时间就是金钱。"**
>
> ——本杰明·富兰克林，《给一个年轻商人的忠告》

[①] 本杰明·富兰克林（1706—1790），美国政治家、物理学家、共济会会员，大陆会议代表及《独立宣言》起草和签署人之一，美国制宪会议代表及《美利坚合众国宪法》签署人之一，美国开国元勋之一。——译者注

▲亚眠大教堂。

▲弗兰德画家昆丁·马西斯（Quentin Massis）在1514年的这幅名画中描绘了货币兑换商的样子。

美第奇（Medici）家族

随着欧洲经济规模不断扩大，它的复杂程度也在增加。手工业者成立了专门的行会，商人们也组成了后来被称为公司的组织。放债人和外汇兑换商人成立了他们自己的行会，叫作"兑换公会"（Arte de Cambio），并且齐心协力，建立了最早的银行和保险公司。这些创新就是我们如今所知的金融科技（fintech），

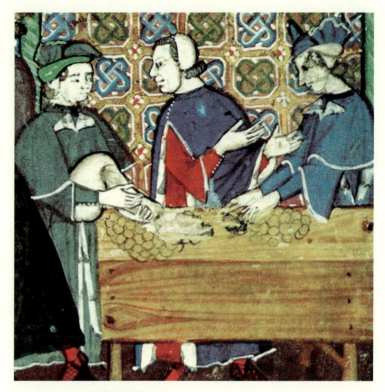

▲15世纪的手稿中描绘的热那亚银行家。

其中心就位于意大利北部的贸易城市——比如威尼斯、热那亚和佛罗伦萨等。这些城市通过与亚洲做生意变得富甲一方。这些新成立的机构借钱给各式各样的人，包括地主、小商贩和商人们——莎士比亚的名剧《威尼斯商人》（*The Merchant of Venice*）中的安东尼奥（Antonio）就是其中之一。

在一些国家中，商业的发展与封建制度的衰落同时发生。比

▲科西莫·德·美第奇（Cosimo de Medici），佛罗伦萨僭主，中世纪欧洲最有权势的银行家之一。

如在英国，被称为"圈地运动"的私有化过程将越来越多的佃户赶出了公地。封建领主们不再住在自己的领地上，他们越来越喜欢在巴黎等城市居住，成为"食利者"（rentier），靠投资商业或其他资产的收益生活。在强大的君主统治下，国家的权力更加集中。行侠仗义的骑士被职业军队取代，战争的花费也越来越高。

14世纪中叶，由于黑死病暴发，一度增长的经济突然逆转。据估计，黑死病造成了大量的死亡，欧洲的人口减少了1/3。然而，鼠疫的猖獗之势减缓后，劳动力短缺，带动工资上涨，生活水平普遍提高。随着贵族和教会势力的衰落，社会流动性不断增加。随着以美第奇家族（Medici family）为首的新金融阶层登上历史舞台，金钱的力量得以释放。

美第奇银行（Medici Bank）是乔凡尼·迪·比奇·德·美第奇（Giovanni di Bicci de'Medici）在1397年创立的。他把银行经营得非常好，在其1429年去世时留下了价值18万弗罗林金币的资产。按含金量计算，相当于今天的3000万美元。在他的儿子科西莫（Cosimo di Giovanni de'Medici）的领导下，家族事业蒸蒸日上，业务遍及欧洲所有的主要城市。依靠这些财富，科西莫·德·美第奇成为佛罗伦萨事实上的统治者。他和他的孙子洛伦佐（Lorenzo de'Medici）一起，投入大量资金委托艺术家建造宏伟建筑、创作艺术品，使这座城市成为今天的旅游胜地。

在1464年科西莫去世后，美第奇银行开始衰落。其中一个原因是这个家族的消费习惯；洛伦佐估计，在1434年至1471年，他们家平均每年要花费1.8万枚弗罗林金币。据政治哲学家尼科洛·马基雅维利（Niccolò Machiavelli）说，美第奇银行开始要求人们偿还贷款，造成了佛罗伦萨的许多企业倒闭，并导致了一场推翻美第奇统治的阴谋行动。

有个叫亚美利哥·韦斯普奇（Amerigo Vespucci）的人，曾是佛罗伦萨美第奇银行的职员。他不光用自己的名字命名了一个新大陆，还不经意间在货币发展的下一阶段中发挥了关键作用。

▲意大利文艺复兴时期的著名画家波提切利（Sandro Botticelli）的《三贤士朝圣》（Adoration of the Magi，1475年）。科西莫·德·美第奇被描绘成跪在圣母面前的贤士，美第奇家族的其他成员也被画家画在了这个场景中。

第三章　实体货币

正如我们已经看到的那样，货币开始时是古代美索不达米亚的一套虚拟信用系统，它在古希腊和古罗马时变成了一套基于金属的系统，然后又在中世纪通过支票、符木棒和汇票等信用工具，重新强调了它虚拟的一面。就像地球的磁极平均每一百万年转换两次一样，货币的极性每一千年似乎也要转变一到两次。

触发货币新一轮转换的契机是在美洲新大陆上发现的大量金属矿藏。正如亚美利哥·韦斯普奇在1503年给他的赞助人洛伦佐·德·美第奇的信中所写的那样："……我们称其为新大陆毫不为过，因为我们的祖先对这些国家一无所知。对于所有听到它们的人来讲，也都是全新的。"这封信出版时的拉丁文标题"*Mundus Novus*"，就是"新大陆"的意思。不过，它很快就有了一个更好的名字：美洲。

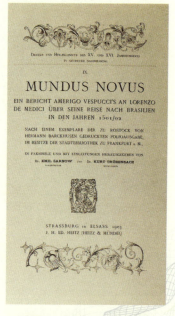

▲亚美利哥·韦斯普奇的《新大陆》。他在书中描述了自己在新大陆的旅行。

当时，哥伦布已经进行过最初的几次航行，但他以为自己看到的大陆是亚洲的一部分。当人们得知这是一块崭新的大陆时，欧洲殖民者背后的金主们兴奋不已。一股殖民浪潮就此兴起。

美洲大陆当然不是什么新大陆，实际上，那里存在很多发达的文明，比如玛雅文明、印加文明和阿兹特克文明等。这些文明已经发展出了自己的农业、文字、数学、法律、宗教、贸易等系

▲秘鲁的印加遗址马丘比丘（Machu Picchu）。

统。在某些方面，这些系统和欧洲的系统有类似之处，但其中有个关键区别，即他们对待金、银等贵金属的方式不同。也许是因为那里的金、银矿藏丰富，当地人更看重它们绚丽的外表和宗教上的意义，而不是它们的商业价值。印加人认为黄金代表太阳的汗水，白银代表月亮的泪水。他们拿这些金属装饰寺庙，而不是在商店里买东西。由此看来，人们长期以来认为使用贵金属制成铸币是自然而然的一种不可避免的历史过程，这种看法是站不住脚的。

事实上，印加人似乎在完全没有货币的情况下也过得很好。他们生活在一种类似封建制度的高级阶段当中，由政府负责分配物品。人类学家戈登·麦克尤恩（Gordon McEwan）说："印加帝国的每个公民都从政府的仓库中获得生活必需品，包括食物、工具、原材料和衣物，他们不需要购买任何东西。那里没有商店或者市场，不需要标准的货币或者钱财。没有地方花钱，也没有地方购买或者交易生活必需品。"任何在邮轮餐厅上就餐的人，看到菜单上没有价格时，都会产生同样的感觉。当然，不同的是，邮轮上的乘客都提前支付了所有的餐费。

阿兹特克人有一套基于可可豆的高级货币体系。这有点像我们在介绍货币起源时谈到的监狱货币，这些豆子还有一个优势：如果在小额交易中不需要它们了，就可以把它们晒干、烤熟，制成一种非常苦的饮料。欧洲人后来在里面加上食糖，把这种东西叫作"巧克力"。

羽蛇神

　　新旧大陆之间的第一次重大冲突发生在1519年。当时，西班牙征服者埃尔南·科尔特斯（*Hernán Cortés*）带领几百人的军队抵达墨西哥。在经过几次停靠并和沿海的原住民发生了几次小规模的冲突后，科尔特斯到达了现在的韦拉克鲁斯（Veracruz）。为了打消一切撤退的念头，他下令凿沉了船只。

　　后面发生的故事有两个版本。根据西班牙的版本，尤卡坦半岛（Yucatán）的统治者曾经预言将会有一位金发、蓄须的神祇降临人间，那就是羽蛇神（Quetzalcoatl）。当一头金发、蓄须的

▲埃尔南·科尔特斯会见蒙特祖马二世皇帝。

科尔特斯到达时，阿兹特克人相信预言成真，非但不把他当作入侵的敌人，反而把他当作神一样欢迎。

不过有人怀疑，同样是这个事件，阿兹特克人的版本应该完全不同。不幸的是，那个版本已经消失在历史的长河中了。但不管在哪个版本中，蒙特祖马二世（Moctezuma Ⅱ）皇帝都准许科尔特斯和他的军队进入了拥有超过20万居民的首都特诺奇蒂特兰城（Tenochtitlan），并赠给了他无数的贵重金银礼物。

如果蒙特祖马二世皇帝送礼的目的是想鼓励科尔特斯离开，那他的慷慨之举就是适得其反的。科尔特斯决定留下来，看看还能不能找出更多的金银来。他的手下人看到这些贵金属也同样不能自拔。正如方济各会修士及传教牧师贝尔纳迪诺·德·萨阿贡（Bernardino de Sahagún）描述的那样："他们捡起那些金银，像猴子一样在手里拨弄、抚摸。他们看似心满意足，镇定自若。但实际上，他们简直爱死黄金了。他们浑身上下塞满了黄金；他们对黄金如饥似渴；他们贪婪得像猪一样。"就连科尔特斯自己也认为，他的士兵们是不是得了一种"只有金子才能治好的心病"。

西班牙人对黄金的贪欲导致蒙特祖马二世身亡，特诺奇蒂特兰城被洗劫，最终整个大陆被征服。这场战争本来还不至于这样一边倒，但西班牙入侵者带来了一种疾病——天花。阿兹特克人对此毫无免疫力；据估计，有1/4人口在随后的流行病中死亡。这种疾病对印加人的影响更为严重。它在几个月内席卷了整个社会，夺走了包括皇帝在内大部分人口的生命。由于那里明显缺乏健康和安全方面的法规，数百万原住民还死于被迫开采金银矿的劳作。落石和塌方这类意外事故，或者接触到提炼贵金属过程中使用的汞，或者就是因为劳累，所有这些都造成了可怕的伤亡。

作家马克·考克（Mark Cocker）写道："如果把欧洲对部落社会的压榨视为单一过程，这可以说代表了有史以来人类破坏性最大、最持久的行为。"而这一切都是因为金钱。

▲1521年特诺奇蒂特兰城陷落，阿兹特克帝国灭亡。

资源的诅咒

新大陆当然有很多很多的金银。在1500—1800年的3个世纪里，美洲的矿山一共生产出大约15万吨白银和2800吨黄金，占据全世界大部分金银的供给量。仅秘鲁的塞罗里科山（Cerro Rico，意思是"富有之山"）——就出产了大约4.5万吨白银。如今，当地人仍在此地开采，只是规模较小。整个山体目前随时有全面坍塌的危险。葡萄牙在巴西的殖民地每年的黄金产量超过16吨，约有15万名奴隶充当劳工，大部分是非洲人。

这种模式很像古希腊和古罗马人的策略——他们占领一块新的领土后，会让奴隶们在矿山工作，将金属铸成货币为军队攻城略地提供资金。只不过，新大陆征服者的规模要大得多。这里开采出的白银铸成的货币被认为是最早的国际货币：西班牙银元（Spanish dollar）。这种银元也叫作"八雷亚尔币（piece of eight）"或"比索（peso）"，它的直径大约38毫米，币值相当于8个西班牙雷亚尔（real）。它最初于1497年在西班牙铸造，后来在墨西哥和秘鲁铸造。它的各种版本迅速传遍世界，最终影响了美国银元、加拿大银元、中国银元（"元"通"圆"，这个字的中文意思就是"圆形的货币"）以及日本银元（缩写是"yen"）的铸造。在英语中，"美元（dollar）"这个词来自捷克一个叫作约阿希姆斯塔尔（Joachimsthal）的矿业小镇，小镇靠近德国边境，如今更像一个温泉度假区。这个地区铸造出来的银币就叫作"约阿希姆斯塔尔币（Joachimstal）"，后来缩写为"thaler"

或者"taler"。这个单词在英语中的发音就和"美元（dollar）"相同。

> "在使用贬值货币的国家，懦弱、懈怠和好逸
> 恶劳甚嚣尘上。"
>
> ——尼古拉·哥白尼,《论铸币》

颇具讽刺意味的是，西班牙新铸造出的大量银币，包括整合在一起的世界经济，并没有促成人们期待中的经济繁荣。就

▲秘鲁的塞罗里科山生产了至少4.5万吨白银。

▲ 15世纪的西班牙银元。

▲ 一枚16世纪的德国银币（thaler）。

连大多数征服者也没有赚到什么钱——他们要负担自己的开支，而且王室对任何收入都要征收重税。科尔特斯本人在前往加利福尼亚的探险行动失败后，也破产了。有些财宝在运回欧洲的途中被海盗劫掠一空，或者在海难中沉入海底。国家和贵族们最终获得了运回来的大部分财富。他们像阿兹特克人一样，似乎更看重这些贵金属的装饰效果，并把自己的宫殿、马车、书籍等都镀上了一层黄金。而那些不作这些用途的黄金和白银大多通过贸易流出了。

因此，美洲新大陆财富的受益者并不仅仅是殖民者，也不仅仅是他们的资助者，还有那些来自意大利、荷兰和德国的商业银行家们，他们作为中间人促进了亚洲的贸易。与此同时，通货膨胀导致西班牙的生活成本上升，加上西班牙商品相对外国商品来讲变得更加昂贵，这使得贸易也受到了影响。

1526年，天文学家哥白尼（Nicolaes Copernicus）在他的论著《论铸币》（*Montae Cudendae Ratio*）中，解释了通货膨胀的危险。他写道："虽然王国、公国和共和国面临的麻烦数不胜数，但在我看来，有四个麻烦最为可恶，它们是战争、死亡、饥荒和货币贬值……在使用贬值货币的国家，懦弱、懈怠和好

▲中国的"龙洋"银元（1889年）。

逸恶劳甚嚣尘上。"主要问题就出在货币的供应上。因为"货币太多了，就会贬值"。

来自美洲新大陆的贵金属大量涌入，导致了今天称之为"资源诅咒"的现象：对自然资源的依赖使经济在其他方面得不到发展；而资源一旦供应枯竭，国家就很容易受到影响。在西班牙，黄金的运输量在16世纪中叶达到顶峰，白银的运输量则在

▲伟大的天文学家尼古拉·哥白尼。他非常关注货币的贬值问题。

几十年后达到顶峰。西班牙变成了净债务国，在1550—1700年出现债务违约多达14次。当时出现了不少耗资巨大的军事冒险，比如1588年西班牙无敌舰队（Spanish Armada）入侵英国失败。这些军事冒险进一步加速了这个国家的衰落。然而，货币的爆发式供应挑起的甜蜜刺激逐渐消退，并没有带来多少长期的收益。如今的决策者在权衡货币刺激的成本和收益时，仍然要努力解决这个问题。

重商主义

在西班牙出现了一群经济问题的思考者，被称为"公断者（Arbitrista）"。他们的观点新颖独特，认为西班牙16世纪的经济衰退是因为人们变得越来越懒所致。之所以越来越懒，一是因为投机心理，二是因为钱来得太容易，这同时造成了社会越来越不平等。或者换成这群人中的冈萨雷斯·德·塞略里戈（Gonzalez de Cellorigo）在1600年的话来讲就是："西班牙之所以贫穷，是因为它太富有了。"然而，其他国家的大多数经济学家（"经济学家"这个术语在那时还未出现）仍然迷恋

▲一枚18世纪荷兰东印度公司（Dutch East Company）的金币。

闪闪发光的金属，并发展出一种后来被称为"重商主义"的经济学理论。这个理论以一个国家积累财富的能力衡量它的实力。这个理论的基础是被称为金银本位主义的货币理论，认为货币的价值完全取决于它的贵金属含量。

这一领域的领导者是伊丽莎白一世（Elizabeth I）女王统治下的英国。英国的本土资源不多，所以采用了这种由来已久的策略，即从其他国家掠夺财富以弥补本国资源的不足。和西班牙征服者一样，这个掠夺策略在很大程度上委托给了私人公司执行。其中最大的是英国东印度公司（British East India Company），该公司成立于1600年，拥有皇家特许的贸易垄断权。它是一家股份制公司，持有股份的都是富有的投资者。这家公司后来发展成一个准军事组织，控制着全世界一半的贸易。它依靠自己的私人军队，几乎统治了印度一个世纪。它甚至铸造自己的货币，还将这种货币变成了印度的标准货币。

托马斯·孟（Thomas Mun，1571—1641年）是这家公司的一位董事，他后来成为重商主义的主要倡导者。托马斯·孟认为，经济就是一个零和游戏，"一人之失即是他人之得"。国家的作用就是动用军事力量保证资源不断流入，并通过关税、垄断和补贴使贸易环境对自己有利，要做到"在价值上，每年卖给外国人的货物，必须比我们消费他们的多"。或者像路易十四（Louis XIV）时期法国的财政部部长让-巴蒂斯特·柯尔贝尔

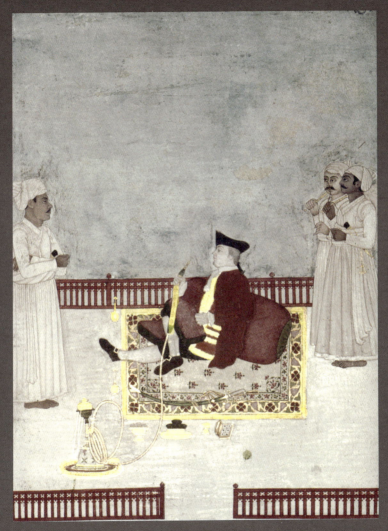

▲英国东印度公司的一位官员（约1760年）。

（Jean-Baptiste Colbert）说的那样："仅仅因为财力雄厚，就能让国家的庄严和实力显得与众不同。"

我们今天所谓的"企业伦理"在当时并不受重视。当时主要的贸易模式是一个三角贸易模式：把武器和纺织品等货物从英国运往非洲的西海岸，在那里交易成非洲的奴隶，并在恶劣的条件下运到美洲；然后，在美洲把奴隶交易成食糖、棉花和烟草等商品，再运回欧洲。

▲重商主义的主要倡导者托马斯·孟的主要著作。

亚当·斯密后来写道，重商主义告诉各个国家，"让所有邻国沦为乞丐，他们就能获益"。当然，重商主义在今天并没有消失。包括美国在内的一些国家有时会受到指责，指责他们奉行以邻为壑的贸易政策。

信用经济

在17世纪，包括英国在内的很多国家都缺乏铸币，这就意味着大部分贸易只能在信用的基础上进行。人们依靠各种信用工具，比如销售信贷、汇票、债券和质押等，做生意，把铸币作为记账单位和最终的支付工具。

金融行业日益成熟，至少对于有钱的客户来说，就有了各种各样的选择。人们可以投资一系列金融工具，比如公司的股票或者政府的债券。从1609年开始，阿姆斯特丹汇兑银行（Amsterdam Exchange Bank）就允许商人们开立账户以及进行转账，这样他们就不必直接处理货币，仅仅在纸面上进行交易就可以了。人们也可以将铸币以及金银存在金匠和公证人那里，换取收据；收据可以作为钱款付给他人。这些金融工具最终都指向某个真正存放钱财的地方，但由于这些工具激增，人们有时又很难弄明白这些钱到底存在了哪里。

比如你在一个金匠那里存了些金子。由于黄金是一种可互换的商品，重量是它最重要的指标，所以，金匠只要确保他有足够的黄金库存以应付存金子的人想要拿回的黄金就可以了——而不一定是他存进来的那些黄金。把黄金放在金库里无所事事是一种浪费，因此金匠们养成了一种习惯，他们把一部分黄金借贷出去以赚取利息。更好的做法是，他们可以把黄金收据作为贷款借出去。这张收据赋予持票人提取黄金的权利。它可以用来支付给某个人；这个人可以用它来提取黄金，但也可以支付给另外一个人，以此类推。

因为这些贷款可以获得利息，所以金匠也为存在他那里的黄金支付利息。这就鼓励人们再次储蓄，同时贷款也更多了。与此同时，金匠账面上的黄金和他实际拥有的黄金实物之间的界限也变得模糊起来。正如达德利·诺斯爵士（Sir Dudley North）观察到的那样："商人把他们的钱存在金匠和书记员（Scrivener，也就是公证人或者法律书记员）那里。这些金匠、书记员的账面上虽然显示1万块钱，但实际上很少能拿出1000块钱的真金白银来。"

正像我们后面会讨论到的那样，这就是银行所谓"部分准备金制度"的开端。然而，这种类型的贷款规模还不够大，不足以改善货币的供应情况。而且，在英国的法律体系下，只有最初的债权人才能起诉债务人，这一点阻碍了债务工具作为货币流通。信贷是个人对个人的事情，并不会扩展到其他人。虽然富人可以按照合理的利率借到钱，但穷人借钱时必须支付40%～60%的利息。由于缺乏适当的货币制度，所以当时的经济活动受到了限制。

为了解决这个问题，人们提出了许多方案，希望可以更容易地获得贷款。其中很多方案直接受到一种相当古老的方法也就是炼金术的启发，人们希望用这些方法创造出取之不尽、用之不竭的黄金。

▲15世纪的金匠店。

贤者之石（Philosopher's Stone）

在当时，人们把炼金术看成是合理的研究课题。英王查理二世（Charles Ⅱ，1630—1685年）就在自己的卧室下方建造了一个私人的炼金术实验室。而且，人们真的认为，的确能找到把贱金属，比如汞，变成黄金的贤者之石。

特别要提到一位名叫塞缪尔·哈特利布（Samuel Hartlib）①

---

① 塞缪尔·哈特利布（约1600—1662），德裔英国人，是科学、医学、农业、政治、教育、哲学等众多领域的专家和作家。——译者注

的博学家，他被人冠以"万事通"的名号。在他周围围绕着一群人，组成了"哈特利布社团"（Hartlibians）；这些人——其中也包括真正的炼金术士——把信贷看作是金融上的贤者之石。威廉·波特（William Potter）写过一本小册子，名为《财富之钥：一条改善贸易的新途径》（*The Key of Wealth*：*Or*，*A New Way for Improving of Trade*），其中提到的"钥匙"指的就是转化普通物质为贵金属的炼金术知识。同为哈特利布社团成员的亨利·罗宾逊（Henry Robinson）这样描写自己设想的商业银行："能够成倍增加这个国家的证券数量，就好像做生意时有无限的财富一样；简单来讲，它就是点石成金的贤者之石。"内科医生彼得·张伯伦（Peter Chamberlen）更是主张公共财产都应该转换为证券，他称证券"是最好的灵丹妙药，是贤者之石"。

这里的基本理念就是，这些所谓的"贱金属"——比如土地、货物或者未来的收入——都可以通过信贷这一魔法，转换成"黄金"货币。假设某人有一块很有价值的土地，但为了进行商业冒险需要获得资金。一种方法是出售土地，但他们可能不愿意这么做，而且即使他们愿意，也可能需要很长的时间才能卖出去。更好的方法是用这块土地去抵押贷款。债权人可以等待债务人偿还贷款。如果生意失败，那么债权人将对这块土地宣布所有权，原来的主人将不得不出售土地。采用这种方法就不用创造出新的货币，因为货币只是简单地从债权人转移到了债务人。

如果债权人得到的不是土地而是票据，而且这些票据可以用于交换，那它们的作用就和货币一样了。债权人可以马上使用它们（比如把债权转给第三方），那么货币供应也就相应地扩大了。正像威廉·波特写的那样，这种信用货币将开启社会的"财富宝库"，使信贷成为"真正的财富种子"。据他估计，这一方案每两年可以使英格兰的资本翻一番。20年后，1000英镑将增长到100万英镑。

信用货币的另一个好处是，它比铸币更容易处理和运输。当然，只有人们对这样创造出来的信用货币完全信任，这一方案才会奏效。整套系统必须要透明，管理者必须是信誉最高的人。同时，执法必须一丝不苟、毫不宽恕。

有些批评者担心，创造这样一种无限的信贷来源会导致失控的通货膨胀。就如同发现了一块真正的贤者之石之后，过了一段时间，人们就不会觉得黄金的价值比汞高了。正如后面要谈到的，这种类型的通货膨胀是一个非常现实的问题。

当时，一些"土地银行"基于这一思路成立了起来，但都无法引起足够多的关注，没能生存下来。这个问题最终由另外一群人解决了。他们发现了一种方法，不是把自己的土地货币化，而是把国家，至少在某种意义上，货币化。催生这一想法的是一场军事行动上的失败。

> "还有另外一种炼金术，不光实用而且有效，
> 它教会人们如何制造昂贵的金属。"
>
> ——罗吉尔·培根（Roger Bacon）

英格兰银行

1688—1697年，路易十四治下的法国与欧洲反法同盟之间的战争（也叫"九年战争"，The Nine Years' War）被认为是第一次全球性的军事冲突，因为它波及的地理范围很大，从欧洲、北美一直到印度。在这次战争中，法国最大的海上胜利是1690年7月10日发生在伊斯特本（Eastbourne）附近的比奇角海战（Battle of Beachy Head），他们战胜了英荷联合舰队。英国的损失在全国引起了恐慌，这极大地推动英国重振海军力量。该行动所需资金大约是120万英镑。当时的英国国王威廉三世（也称作"奥兰治的威廉"，William Ⅲ）出生在荷兰，应该已经见识过荷兰或者瑞典那样的国家银行了。他筹集资金的办法是"国家银行"的一种变体：一种政府和私营公司合作经营的方式。

威廉三世新成立的国家银行叫作英格兰银行（The Bank of England），它实际上是个非常大的金匠铺子。英格兰银行向私人投资者出售认购权，募集资金，然后再把钱借给政府，换来符木棒。它还获得了原始贷款8%的持续利息，外加每年4000英镑的服务费以及其他的银行手续费。英格兰银行还有发行纸币的权利。

▶1690年的比奇角海战，为英格兰银行的建立铺平了道路。

事实上，在英格兰银行最初的特许状中并没有提到纸币，但结果却发现，纸币才是最重要的项目。开始时，像其他银行或者金匠铺一样，英格兰银行也为存款开出手写的票据。这些票据承诺即期支付持票人票据上的数额，因此任何人都可以将票据全部或部分兑换成铸币。

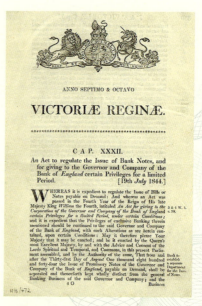

▲英格兰银行的特许状。

但其中一个不同之处在于，这些票据得到了皇家的认可，这就意味着会得到人们的普遍接受。另一个更微妙但非常重要的不同在于，这张票据不再代表你欠国王多少钱，而是代表国王欠你多少钱。这种债务在"极性"上的变化，标志着一个翻转：货币不再是纯粹由政府提供的东西了，而是政府与私营业务融合后的产物。国家掌握着虚拟的印章，而私营公司掌握着真正的财富。在王室经常违约或者贬值货币的时代，私营公司的参与带来了一种稳定和可靠的新感觉。

这家银行最初设在伦敦金融城的一个小办公室里，这块"一平方英里（square mile）"的地方位于古罗马统治时期的朗蒂尼亚姆城（Londinium）内。考古学家后来在这里发现了古罗马密特拉神庙（Roman Temple of Mithras）的遗迹。密特拉（Mithras）是契约之神，把银行地址设在这里看上去相当合适。1734年，英格兰银行搬到了针线街（Threadneedle Street），而它现在仍在那里，因此人们给这家银行取了个绰号，叫针线街的"老妇人"。银行与王室之间的复杂关系，可以从伦敦金融城在历史上半独立的地位中体现出来。即使在今天，伦敦金融城也有自己的市长大人（lord mayor），在位的君主在进入伦敦金融城之前也需要在他那里登记。

很快，英格兰银行就在纸币发行方面建立了近乎垄断的地位（到1844年达到完全的垄断）。它还充当结算中心，结算其他银行间的交易，比如伦敦暨威斯敏斯特银行（London & Westminster）、劳埃德银行（Lloyds）和巴克莱银行（Barclays），最终成为金融记者沃尔特·白芝浩（Walter Bagehot，1826—1877年）口中的"最后贷款人"，负责救助那些受到银行挤兑或者其他金融危机伤害的小银行。

英格兰银行作为金融体系的中心节点取得了成功，它为世界上的其他中央银行树立了榜样。经济学家约翰·肯尼斯·加尔布雷思（John Kenneth Galbraith）后来写道："无论从哪方面看，英格兰银行之于货币，就如同圣彼得之于信仰①。这个比喻名副其实，因为有关货币管理的艺术和秘诀大多源自那里。"

▲今天位于伦敦针线街的英格兰银行大楼。

---

① 圣彼得（公元1—公元65年）是耶稣的大弟子，也是耶稣最喜爱的得意门生，为基督教早期领袖，公元65年，受到罗马皇帝尼禄的迫害，被倒钉上了十字架而殉道。罗马教廷梵蒂冈的宗教圣殿叫作圣彼得大教堂（St. Peter's Basilica Church），为天主教会重要的象征之一。作者在这里用圣彼得和信仰的关系做比喻，是想强调英格兰银行和货币之间的紧密联系，以及彼此的重要性。——译者注

白银危机

纸币的发展意味着货币形式进一步向虚拟货币转变。当时，人们普遍认为货币的价值等于它的金属含量。纸币并没有颠覆这个观念，因为人们都知道，纸币只是真实货币——金条和铸币——的一张收据而已，真正的货币就存放在某个地方的金库当中。但是，和古代苏美尔一样，包含着真金白银和政府债券的真实储备到底有多少，银行从来都是讳莫如深。这大概就是加尔布雷思说的"货币管理的艺术和秘诀"了。在英格兰银行成立大约两个世纪后，一位评论家记录道：

> 坎利夫勋爵（Lord Cunliffe）在英国财政大臣的特别要求下在皇家委员会作证时，只说英格兰银行的储备"非常、非常可观"。当人们进一步追问，要求他说出哪怕一个大概的数字时，他回答说自己"非常、非常不愿意"说出这个数字。

17世纪90年代困扰着英国的"白银危机"说明了货币与金属之间的联系。当时的英国实行金银复本位制，混合使用小面值的银币和大面值的金币。这种制度带来了一个问题，就是铸币的相对价值必须准确反映两种金属在市场上的汇率。否则，币值被低估的硬币往往会被熔化，做成金条或者银锭在国外出售。几十年来，许多银币都因为其面值比作为金属的价值低了几个百分点而难逃被熔化的命运。而且，"修剪"铸币并把剪下来的贵金属出售的现象非常普遍，仍在流通的银币中，银含量合格的铸币不足一半。因此，商人们对这些铸币进行了贴现，这导致了通货膨胀，削弱了人们对货币供应甚至是对政府本身的信心。

1694年，英国政府决定采取行动，发行新的铸币。一场争论爆发了。人们争论新铸币是应该恢复到原来的银含量，还是保持在较低的水平上。重商主义的经济学家倾向于后一种选择，因为这相当于让货币贬值，这对贸易总是有利的。辩论的另一方是哲学家约翰·洛克（John Locke），他认为货币的"固有价值"是由它的贵重金属含量决定的，无法改变，这就如同"把1英尺（1英尺等于12英寸）分成15份，也不可能把1英尺拉长"一样。

> "银行家不需要招人喜欢；事实上，在一个健康的资本主义社会里，一个好的银行家可能很不招人喜欢。"
>
> ——约翰·肯尼斯·加尔布雷思

洛克赢得了这场辩论，银币的贵金属含量恢复到了以前的水平。不过这次发行的银币经过滚边处理，可以防止偷偷"修剪"的行为。但一个意想不到的结果是：人们大量囤积新的银币，但仍然使用旧的银币——这就是所谓的格雷欣定律（Gresham's law）。尽管哥白尼观察到了同样的现象，但这个定律是以16

世纪金融家托马斯·格雷欣爵士（Sir Thomas Gresham）的名字命名的。它的意思就是"劣币驱逐良币"。货币短缺造成了严重的通货紧缩，这种情况只有在加大纸币的使用后才有所缓解。

牛顿和货币

当时，洛克正好是艾萨克·牛顿（Isaac Newton）的顾问。牛顿在53岁的时候，因为年龄相对较大，被安排了一个闲职，在皇家铸币局（The Mint）担任监管（后来成为主管）。牛顿非常认真地履行这个岗位上的职责。他重组了铸币局，并把自己在冶金学上的炼金术知识应用到了铸币的生产中。他还投入了相当多的精力追捕那些修剪铸币和伪造货币的人，甚至处死了一些人。但他的主要工作是控制货币的供应。

英国皇家铸币局的王牌产品是基尼币（guinea），它是英国第一个用机器而不是手工铸造出来的金币。铸币的名称来自它的原材料产地西非地区。每一枚铸币含有大约1/4盎司的黄金。基尼币上装饰了一头小象的图案，这是皇家非洲公司的徽标。1基尼币的价值在理论上等于1英镑，或者20银先令，但在实际的市场上，汇率可能会稍高一些。

1717年，牛顿调查了汇率这件事，并得出结论：在英国，"1磅纯金的价值相当于15磅6盎司17英钱（pennyweight）5格令（grain）的纯银。这说明1基尼等于1英镑1先令6便士的银币"。

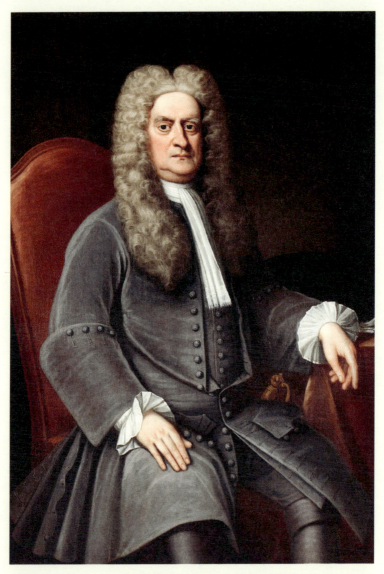

▲艾萨克·牛顿被认为是有史以来最伟大的科学家之一，他在英国皇家铸币局工作了30多年。

他建议把1基尼硬币的币值定
为1英镑1先令，或者21先令。

在商人眼里，这个币值还
是有点低，于是又导致了一轮
"劣币驱逐良币"的过程。商
人们支付白银购买进口商品，
其后果就是白银短缺。牛顿预
计，比起白银，黄金会变得相
对充裕，它的市场价格最终会

▲ 一枚金基尼币。

下跌，从而使价格回到均衡状态。然而，和往常一样，货币有它
自己的思路。黄金（以英镑计算）的市场价格并没有发生变化，
1基尼仍然等于21先令，调整的其实是银币的价格。而且，银币
价格虽然进行了一定程度的调整，但仍然不停地波动。

看起来，那些机器制造的漂亮又昂贵的金币比陈旧的银币
对货币系统的吸引力更强。英国皇家铸币局把1盎司黄金的价格
定为3英镑17先令10.5便士，这样1基尼就正好等于21先令了。同
时，皇家铸币局开始采用黄金的重量定义货币系统中的基本单
位——尽管价值单位实际上是指银的重量。看起来，花了那么多
年在自己的实验室做炼金术实验的牛顿，借助这项政策似乎终
于把白银变成了黄金（或者反过来，把黄金变成了白银）。事实
上，除了1797—1821年拿破仑战争期间之外，到第一次世界大战
爆发前的两个世纪内，黄金的价格一直保持稳定。

1817年，英国发行了一种新的"索维林金币"（sovereign），每枚金币的黄金含量是1基尼的20/21，所以正好等于1英镑。今天想起来有些奇怪，这些铸币如今都是很有价值的收藏品，但在当年却是广泛流通的货币。它们在今天仍然是法定货币，不过只有在作为本位货币或者作为收藏品时才会铸造（而且，它们的价值远远超过1英镑）。

1821年，英国建立了正式的金本位制，并很快成为国际标准。它在1854年传到（当时的）英属加拿大，1865年传到纽芬兰，1873年传到美国和德国。美国使用金鹰金币（eagle）作为本位货币，德国使用新的金马克（gold mark）作为本位货币，而加拿大则两面下注，采用了以英国的索维林金币和美国的金鹰金币为基础的双重系统（就像加拿大人今天使用的英语单词拼写混合了英美两国的英语单词拼法一样）。

> "只有贵金属才是货币。纸币之所以能充当货币，是因为它们代表了金属货币。"
>
> ——奥弗斯通男爵

美国1792年的《铸币法》（Coinage Act）规定，1美元和当时广泛流通的1西班牙银元等值，即相当于371.25格令的白银，1格令是1/7000磅（这个单位最初是一粒大麦的重量）。1枚金鹰金币等于10美元，它含有247.5格令的黄金，因此，金银的价格比正好是15。但后来^①，当美国使用国际金本位制的时候，造币厂不再铸造银币，这导致货币供应急剧萎缩，尤其影响到了那些无处获得黄金且不太富裕的人。在1896年的一次著名演讲中，美国平民主义政治家威廉·詹宁斯·布莱恩（William Jennings Bryan）将该政策描述为企图"将人类钉在黄金的十字架上"。

据说，这场争论激发了莱曼·弗兰克·鲍姆（L. Frank Baum）的灵感，并成为他在1900年出版的儿童小说《绿野仙踪》（*The Wonderful Wizard of Oz*）中的主题。东方和西方的邪恶女巫代表富有的银行家们，她们想继续走黄砖路（也就是黄金）。稻草人代表负债累累的农场主，想要得到更便宜的银元，但他们既得不到铁皮人（实业家）的帮助，也得不到胆小的狮子（政客）的帮助。奥兹国^②的魔法师坐镇中央银行，确保用黄金的重量也就是多少盎司的黄金来标定美元的价值。那么多萝西的小红鞋呢？在原著中，它们其实是用白银做的。

荣誉勋章

牛顿在不经意间开创的国际金本位制是历史上运行时间最长的金融体系之一。它之所以成功，是因为它像经济上的万有引力定律一样，建立在价值和质量的等式之上。全世界都一样，

---

① 美国开始是金银复本位制，所以有银币，后来采用金本位以后，银币就少了。——译者注
② 英语单词"盎司（ounce）"的谐音。——译者注

很容易共享，所以每个人都知道自己的位置。奥地利作家斯蒂芬·茨威格（Stefan Zweig）在他1942年的自传《昨日的世界》（*The World of Yesterday*）中写道："我们的货币奥地利克朗，以亮闪闪的金币形式流通，这也就保证了它不发生变化。一切都自有其规范，有其特定的尺度和分量。"经济学家约瑟夫·熊彼特（Joseph Schumpeter）说，一个国家对金本位制的坚持是"荣誉和体面的勋章"。

金本位制不仅仅是一种控制货币供应的抽象机制，它更是抓住了人们对于价值的一套完整的信仰体系。19世纪的政治家奥弗斯通男爵（Baron Overston）说过："只有贵金属才是货币。纸币之所以能充当货币，是因为它们代表了金属货币。"美国银行家J.P.摩根（J.P. Morgan）在1912年听证会上也说过："只有黄金是货币，其他都不是。"

尽管金本位制可以保护货币不受那些变幻莫测的政治投机行为的影响，但是，

▲美国银行业巨头J.P.摩根，他的银行至今仍然兴旺发达。

将货币数量与有限的商品联系在一起也意味着货币的供应无法根据经济规模进行适当的调整，而且货币的供应量容易受到黄金供应变化的影响。在发现大量矿藏或者采矿技术得到改进后，货币的供应量可能会变得过大，导致通货膨胀；相反，它也可能跟不上经济增长或者消费的步伐，导致黄金过于昂贵，造成通货紧缩和经济衰退。我们在下一章将会看到，这些限制以及人们对纸币的接受程度越来越高，最终触发货币形式又一次向虚拟货币发展。

第二部分

新的货币

第四章 无中生有，点石成金

就在牛顿（无意间）促成英国实行金本位制的同时，另一种货币实验正在英吉利海峡的另一边进行。主持这次实验的是一位苏格兰人，数学家约翰·劳。尽管人们普遍认为，这次实验无异于一场灾难，但货币可以从无到有的基本理念，为我们现代的法定货币体系[①]奠定了基础。

劳的父亲是位金匠。他自己是个受过训练的数学家，只是有些流氓习气。1694年，23岁的劳在伦敦布鲁姆斯伯里广场（Bloomsbury Square）的一场决斗中杀死了对手，被判处死刑。而后，不知何故，他逃避了羁押，前往荷兰。在那里，他攀上了一位已婚女贵族，并与她生了两个孩子。他周游欧洲，靠赌博养家。同时，他还对货币这个话题进行了深入的思考。毫无疑问，他受到了阿姆斯特丹和伦敦等城市金融创新的启发。

---

① 法定货币是指不代表实质商品或货物，发行者亦没有将货币兑现为实物义务，只依靠政府的法令使其成为合法通货的货币。——译者注

> "我是一个凡人，我犯过很多大错。"
>
> ——约翰·劳

劳回到当时独立于英格兰法律体系之外的苏格兰时，向苏格兰政府提出了他一直在研究的方案。在他1705年出版的小册子《论货币和贸易——兼向国家供应货币的建议》（*Money and Trade Consider'd with a Proposal for Supplying the Nation with Money*）中，他认为苏格兰需要一个自己的中央银行，类似英格兰银行，但它可以不基于金属发行纸币，而是基于土地发行纸币。他认

▲约翰·劳引发了历史上最大的金融丑闻之一。

为，土地是所有财富的最终来源。因此，他的这个想法有点类似哈特利布社团在英国提出的土地银行的概念。

当时苏格兰的财政状况很糟糕，这在很大程度上是所谓的"达连湾冒险计划（Darien Venture）"所致——苏格兰殖民者试图在巴拿马地峡（Isthmus of Panama）处的海岸上建立一个名为新喀里多尼亚（New Caledonia）的定居点。这一行动由威廉·佩

▲威廉·佩特森在巴拿马协助建立了新喀里多尼亚殖民地。

特森（William Paterson）领导，他曾经协助创立了英格兰银行。投资者们信心十足。1698年，一支由五艘船组成的船队载着1200人启航，这些人带走了苏格兰一半的资本。不幸的是，这块土地全是丛林和沼泽，到处是携带病毒的蚊子和有守卫力量的当地居民，不宜居住。活下来的殖民者在7个月后艰难返回家乡。与此同时，又有另外两艘船已经启航前往那里，结果遭遇了相同的命运。历史学家约翰·普雷布尔（John Prebble）称这一结果"可能是苏格兰历史上最严重的灾难"。

苏格兰政府拒绝了劳的方案，他们决定与英格兰联合。这对劳来说真是祸不单行：金融上的联合意味着金融系统处于英格兰银行的管辖范围之内；而法律上的联合意味着他在自己的祖国会因谋杀罪而被通缉。他再次离开去了欧洲其他国家。在那里他终于找到了一个实践自己想法的机会。

劳的系统

劳在欧洲四处赌博的时候，结识了许多贵族，其中有法国的奥尔良公爵。对方把劳介绍给法国财政部长尼古拉·德斯马雷（Nicolas Desmarets）。法国也是一个处于财政危机中的国家，这在一定程度上是由路易十四（也就是"太阳王"）的穷奢极欲造成的——他开展了一系列豪华的"家装工程"，其中就包括凡尔赛宫。劳向法国财政部长解释了他的货币体制，法国财政部长直接把他带到国王那里，但被国王一口回绝。

劳继续在欧洲游荡。他在赌桌上所向披靡，很快就成了有钱人——他声称自己有一套"系统"。1715年，当路易十四去世的时候，劳觉得是时候再次尝试他的货币理论了。他去了法国，与奥尔良公爵取得了联系——奥尔良公爵当时担任年轻的路易十五

▲路易十四挥霍无度的消费习惯使他严重依赖放债人。

（Louis XV）的摄政王。奥尔良公爵被他说服了，但像往常一样，劳的激进思想遭到了其他人的反对，所以他不得不设法得到许可，自掏腰包建立了一个小型私人银行。

起初，劳的银行和其他银行（比如阿姆斯特丹的银行）类似，都是发行纸币，将其作为铸币存款的收据。仅仅因为纸币比铸币更容易携带，而且不能"修剪"，这种做法就获得了很大的成功。1718年，劳的银行被国有化，成为皇家银行（Banque Royale），这意味着它发行的纸币有了法国官方的支持。

劳按照荷兰人的做法，建立了一个密西西比公司（Mississippi Company）。它拥有独家垄断的贸易权，范围覆盖辽阔的密西西比河流域，绵延3000多英里（约4800多千米）。从入

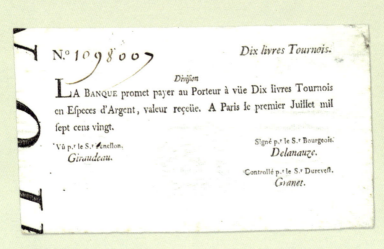

▲早期的法国纸币，发行于1720年。

海口一直延伸到加拿大的部分地区，其中包括美国今天的路易斯安那州、密西西比州、阿肯色州、密苏里州、伊利诺伊州、爱荷华州、威斯康星州和明尼苏达州。和荷兰东印度公司一样，这家公司的股票可以用银行贷款购买。它的招股说明书的核心内容是一项让人印象深刻的不动产营销计划，它把那片区域描绘成了"黄金之国（El Dorado）"。

最终，劳启动了他货币理论中的关键部分，他宣布纸币与贵金属储备脱钩，并将货币定义为"法定货币（fiat currency）"。"fiat"是一个拉丁词语，意思是"言出法随"。然而很少有人关注银行储备金的技术要点，相反，人们的兴趣都集中在了密西西比公司身上。因为有传言称，那里有大量的黄金，所以这家公司股价飙升。

> "起主导作用的是恐惧和愉悦的感觉，而恐惧的感觉比愉悦的感觉强烈许多倍。当你觉得愉悦时，泡沫只会慢慢积累。然后恐惧袭来，它就会急剧下跌。"
>
> ——艾伦·格林斯潘（Alan Greenspan）

无限信贷

正如哈特利布社团预测的那样，银行贷款推高了股价，增加了经济中的乐观情绪和经济支出，而这又带来了更多的贷款，如此形成一个正反馈的循环。人们从法国各地甚至国外蜂拥而来，投身到这一经济奇迹当中。仅在1719年，这家公司的股价就从500里弗飙升到10000多里弗，这一数字上的激增引发了"百万富翁（millionaire）"这个词的问世。人们似乎终于找到了金融上的贤者之石。

正如我们后面会讨论到的，金融泡沫的运行规律在历史上一直是相同的。短短几年内，这个泡沫就让约翰·劳成了世界上最富有的人。原先对他野心的各种限制也都消失了。他很快就安排这家公司购买国债，并获得收税权。而这需要发行更多的股票，并发行更多的纸币来购买这些股票——正是在这个时候，劳的系统开始露出了破绽。

当时的法国是由税款包收人收税的，这是一项有利可图的美差。劳坚持要进入这个领域，结果为自己树了大敌。和英格兰银行那种政府和私营公司合作的方式不同，在劳的方案中只有王权。企业和私营银行除了是竞争对手之外，在这一体系中毫无位置。一些传言开始出现，说尽管密西西比河流域面积很大，但实际上可能没有任何黄金。人们开始抱怨物价上涨得太快。

当股票开始下跌时，速度甚至比上升时还要快。股票暴跌伴随着银行挤兑。劳流亡到了威尼斯，在那里度过了余生。

据说，歌德写《浮士德》（Doctor Faustus）第二部时的灵感就来自劳的故事。浮士德和梅菲斯特帮助一位陷入财政困难的国王，向他介绍法定货币的奇迹，说它们是由地下的黄金储备支撑的。皇帝说："它确实被百姓珍视如金子？它真能把军饷和薪俸冲抵？我尽管奇怪也只好随他去。"①当然，最后的结果并不如意。歌德（和劳）的故事一直具有现实意义，它提醒我们货币和价值之间脆弱的联系，而且货币体系往往会毫无征兆地突然崩溃。

烧掉纸币

在法国，劳的实验给银行带来了坏名声。直到19世纪末，金融机构都避免使用"银行"这个词，而更喜欢把自己称为"储蓄所（caisse）""信贷所（crédit）""商行（comptoir）"或者"公司（société）"。然而，劳的想法却在美洲这块土壤上生根发芽了。

和法国一样，美洲殖民地也面临制造铸币的贵金属短缺问题。伦敦的统治者奉行重商主义，禁止向其他国家甚至是自己的殖民地出口金银。当时主要的流通货币是西班牙银元，但很多银元最后都流出用于购买外国商品了。因此，美洲殖民地居民不得不经常使用商品充当货币，比如烟草或者贝壳串珠。同时，他们用官方的英镑、先令和便士作为共同的记账单位。

到了18世纪初，一些美洲殖民地政府开始试验纸币，主要是为耗资巨大的项目筹集资金。1723年，宾夕法尼亚提出了一个方

---

① 《浮士德》第二部第一幕御苑，此处译者采用的是杨武能的译文。——译者注

案，类似劳提出的土地银行的办法。在这个方案中，支撑纸币的是未来的税收和向政府借用土地的那些人的资产。这一方案的主要推动者之一是宾夕法尼亚的一位印刷商——本杰明·富兰克林（Benjamin Franklin）。他在23岁时自己出版了一本小册子，即《试论纸币的性质和必要性》（*A Modest Enquiry into the Nature and Necessity of a Paper-Currency*）。富兰克林读过劳的著作。他的看法和劳一样，认为贸易依赖的是随时可以得到的、可靠的货币供应。如果用来制造货币的材料是由其他国家控制的，那么这个目标就不可能实现。

> "通货膨胀是一种无须立法就可以实施的税收形式。"
>
> ——米尔顿·弗里德曼（Milton Friedman）

尽管人们普遍认为，新式纸币是成功的，但英国政府却不看好它。他们通过法律宣布这些纸币是非法的，而且只接受用金、银缴纳赋税。由此导致货币供应萎缩，失业率激增，这也是美国独立战争（1775—1783年）爆发的原因之一。当美洲殖民地切断了与英国的法律联系后，他们马上开始发行自己的纸币，用来支付战争期间的各项费用。人们用爱国主义的图案取代了英国皇室的标志。

这些纸币印在厚厚的手工棉浆纸上，通常带有水印或者一些精巧的设计防止伪造。这样一个防伪设计是由本杰明·富兰克林发明的。他把一片真正的树叶脱模在薄薄的铅皮上，并把它贴在印刷机上，这样印出来的图案几乎不可能仿冒，就像中世纪符木棒上的木纹一样。

1775年，大陆会议①通过一项决议，发行一种单一纸币，名为"大陆币"，用来偿还战争债务。但他们在这个过程中，印刷了太多的纸币。这些大陆币的价值在战时暴跌，从1西班牙银元贬值到了1分钱。更为火上浇油的是，英国人还印刷了很多假钞。正如本杰明·富兰克林后来观察到的那样，货币贬值相当于收税，实际上帮助支付了战争费用。"在我们的管理下，这种货币好像一台神奇的机器。当我们发行它的时候，它履行了自己的职责；它支付军饷，购买军队的被服，并且提供粮食和武器弹药；当我们不得不发行过多的货币时，它就会通过自我贬值退出流通。"

为了遏制通货膨胀，在美国独立战争结束时，数亿美元的大陆币被召回并销毁。人们要么在纸币上戳一个洞，要么直接烧掉。

---

① 美国独立战争1783年结束。1781年大陆会议才改名叫邦联国会。——译者注

1779 年发行的一张 55 美元的
纸币。▶

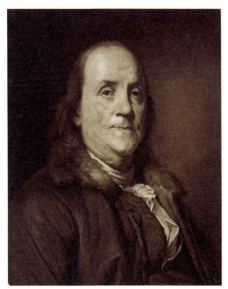

本杰明·富兰克林的成就和事迹很
多,其中之一是发明了一种纸币防
伪技术。▶

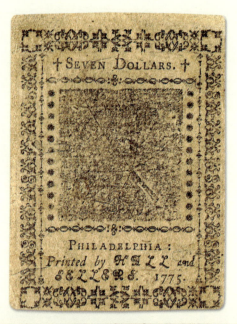

▲由大陆会议于1775年发行的一张7美元纸币。

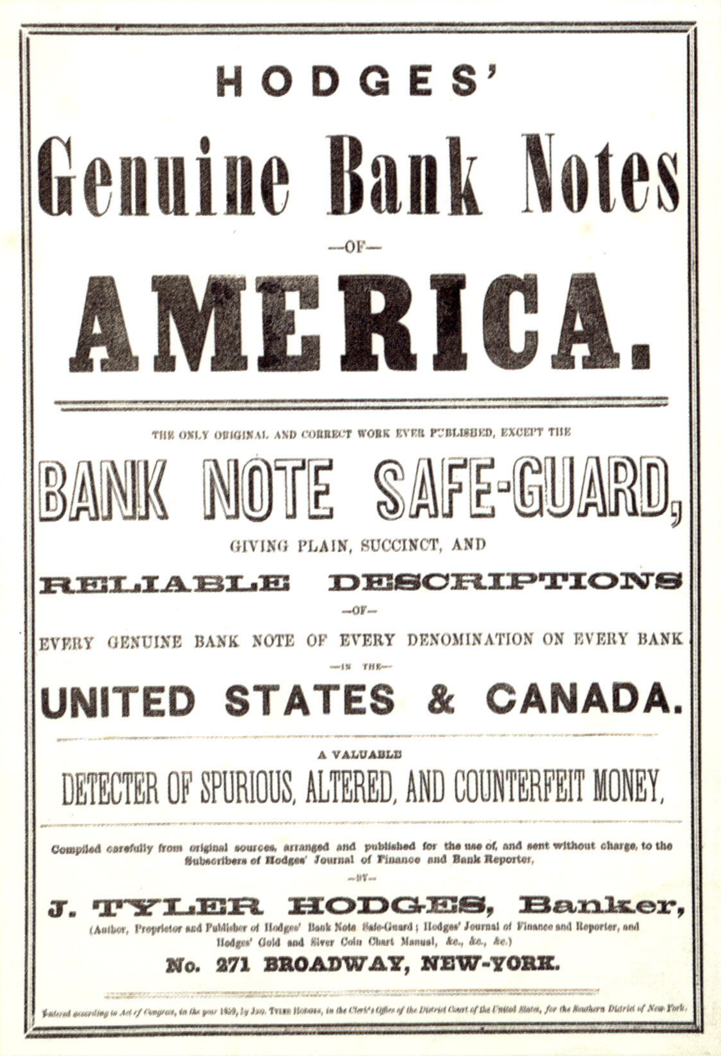
HODGES'

Genuine Bank Notes

—OF—

AMERICA.

THE ONLY ORIGINAL AND CORRECT WORK EVER PUBLISHED, EXCEPT THE

BANK NOTE SAFE-GUARD,

GIVING PLAIN, SUCCINCT, AND

RELIABLE DESCRIPTIONS

—OF—

EVERY GENUINE BANK NOTE OF EVERY DENOMINATION ON EVERY BANK

—IN THE—

UNITED STATES & CANADA.

A VALUABLE

DETECTER OF SPURIOUS, ALTERED, AND COUNTERFEIT MONEY,

Compiled carefully from original sources, arranged and published for the use of, and sent without charge, to the Subscribers of Hodges' Journal of Finance and Bank Reporter,

—BY—

J. TYLER HODGES, Banker,

(Author, Proprietor and Publisher of Hodges' Bank Note Safe-Guard; Hodges' Journal of Finance and Reporter, and Hodges' Gold and Siver Coin Chart Manual, &c., &c., &c.)

No. 271 BROADWAY, NEW-YORK.

Entered according to Act of Congress, in the year 1859, by Jno. Tyler Hodges, in the Clerk's Office of the District Court of the United States, for the Southern District of New York.

▲1862年发行的第一张美钞，为美国内战提供资金。

▲美国的小银行可以自由发行自己的纸币。

更深层的秘密

就像劳的银行让法国人排斥银行一样，大陆币事件也让美国人排斥纸币——不过时间不长。美国财政部长亚历山大·汉密尔顿（Alexander Hamilton）没有发行更多的法定货币，而是决定效仿英格兰银行，成立美国银行（Bank of the United States），并向私营公司出售股份。然而，这个方案受到的阻力比英国的还要大。当银行20年的特许权到期时，美国国会未能获准延长期限。第二次尝试建立美国银行的时间更短，是从1816年到1833年。

更流行的是由众多类似约翰·劳的人建立的小型私人银行，每个银行都可以发行自己的货币。1859年，在《霍奇斯美国真钞目录》（*Hodges' Genuine Bank Notes of America*）一书中，列出了超过一千家这样的银行，而发行货币的种类几乎是这个数字的十倍。

1862年，林肯总统签署了第一个美国《法定货币法案》（Legal Tender Act），试图恢复一些秩序，并为南北战争筹集资金。这个法案正式批准美钞为法定货币，即后来的"林肯绿币"（greenback）。由于这些纸币的发行并不基于黄金或者白银，所以它们既没有增加美国的债务，也没有利息，但可以用于支付除关税之外的任何交易。美国政府还增设了所得税和消费税，用于缓解发行"林肯绿币"带来的通货膨胀效应。

正如林肯在1865年对参议院讲话时说的那样："政府应该创造、发行必要的货币和信贷，并让它们流通起来，以满足政府开支的需要和消费者的消费需要……货币将不再是人类的主人，而是人类的仆人。"仅仅几周后，他就被暗杀了。而在南北战争结束后，流通中的林肯绿币也逐渐被淘汰（不过它们直到1971年仍然是法定货币）。

美国的货币体系一直处于相对混乱的状态，在经历了一系列

▲1862年，发行了第一批林肯绿币，用来为南北战争筹款。

货币之语

金融危机——比如"1907年的大恐慌",当时纽约证交所的股价较此前的峰值下跌了近50%。之后,到1913年,在金融界的合作下,美国联邦储备银行(Federal Reserve)成立了。和英格兰银行一样,它在银行系统中也起到了中心枢纽的作用。它发行的美元纸币在外观上与林肯绿币相似,但它是一种债务货币,代表了从半私营的美联储借来的贷款。

事实上,美联储是一个独立的非营利机构,由12家地区性联邦储备银行组成,每一家储备银行背后都是一个商业银行联盟。据美联储自己的网站说明:"美联储不'属于'任何人。"然而,

▲1907年的华尔街。

◀美联储的官方印章。

商业银行联盟有权投票并且参与美联储的运营，所以美联储的权力显然属于这些商业银行联盟。

这种安排就是加尔布雷思所说的金融系统中"更深层的秘密"。金融系统似乎有意培养这种神秘感。据报道，美联储前主席艾伦·格林斯潘（Alan Greenspan）曾经说过："如果你觉得我的观念清楚明了，那你一定是误解我了。"

尼克松冲击（Nixon Shock）

1913年美联储成立后，仅仅过了一年，第一次世界大战就爆发了，国际金本位制被搁置起来。第一次世界大战之后，一些国家试图恢复这一制度。尽管金币大多已经退出流通领域，但中

▲美联储大楼今天的样子。

央银行间的转账仍然使用金条。然而，金本位制正在显露它的不足。1925年，时任英国财政大臣的温斯顿·丘吉尔（Winston Churchill）决定将金价恢复到第一次世界大战前的水平。这一举措造成了通货紧缩，导致英国经济衰退和全英国大罢工。

"我们花的不是联邦政府的钱，我们花的是纳税人的钱。"

——理查德·尼克松

110

坚持金本位制也被认为是导致美国大萧条的一个原因，因为它妨碍了美国政府通过增发货币应对经济萧条。1933年，罗斯福总统（President Roosevelt）开创了一种获得贵金属的新方法。他在诺克斯堡（Fort Knox）新建了一个仓库，并给所有美国公民三个星期的时间上交自己的黄金，换取纸币（允许保留价值100美元的小物品，比如珠宝首饰之类）。大萧条带来了全球经济紧缩，造成了政治极端主义的兴起。在德国，纳粹的迅速发迹最终引发了战争。

第二次世界大战即将结束时，44个盟国的代表在美国新罕布什尔州的布雷顿森林（Bretton Woods）召开会议，讨论如何规范国际货币和金融秩序。这次会议由美国主导，比起那些负债累累的盟国，美国的势力要强大得多。会议达成的结果是一种掺了水的金本位制。在这种制度下，各种货币间的汇率是固定的，而通过国际贸易赚到的美元可以以每盎司35美元的价格兑换成金条。由此，美国基本上控制了全世界的货币供应。

就像基于贵金属的货币缺乏灵活性一样，同样的问题也迟早会出现。20世纪60年代初，国际贸易的增长超过了货币供应，而且美国政府也在印钱，为越南战争这类行动提供资金。越南战争的总开销估计超过了1000亿美元。阿波罗太空项目花了240亿美元，美国与苏联的冷战则花了上万亿美元。它的后果就是，私人市场上的黄金价格开始突破设定的35美元。1968年12月，在理查德·尼克松（Richard Nixon）准备就任美国总统之际，经济学家米尔顿·弗里德曼（Milton Friedman）给他写了一封信，敦促他放弃布雷顿森林体系，允许美元和其他货币之间的汇率自由浮动。

弗里德曼明确建议，尼克松应该迅速采取行动，这样他才可以说，由于"上届政府对国内和国际金融政策的管理完全失败"，所以这个决定是非常必要的。然而，直到1971年8月15日，尼克松才采取了一系列措施，包括停止美元与黄金的直接兑换，这一事件后来被称为"尼克松冲击"。

尼克松在电视上发表声明说，美元"成了国际投机者手中的人质……我们将推动必要的改革，建立一个新的国际货币体系势在必行……为了保护美元，改善我们的国际收支平衡，增加美国

▲ 美联储在政府和私营部门之间的结构上，是独一无二的。它是美国货币的中央机构。

▲1944年的布雷顿森林会议为第二次世界大战后的世界金融体系奠定了基础。

的就业机会，我正在采取进一步的措施"。①这个"进一步的措施"就是对进口商品征收10%的关税。为了让听众放心，他还谈到"所谓货币贬值的鬼东西"。他解释说："如果你想买一辆外国车或者去国外旅行，市场状况可能会让你的美元购买力降低一点点。但是，如果你和绝大多数美国人一样，在美国购买美国制造的产品，那么你的美元明天和今天都会一样值钱。换句话说，这一措施的效果将是稳定美元。"

尼克松有个绰号叫"狡猾的迪克"，这并非无中生有。因为到那年11月，金价已经涨到每盎司100美元了。布雷顿森林货币体系很快就结束了，一切都正如弗里德曼期望的那样，主要货币间的汇率可以自由浮动。而且，正如我们下面会谈到的那样，套用尼克松本人的话来说，所有货币现在都"成了国际投机者手中的人质"。

虚拟货币

货币与黄金的脱钩一下子就把美元和其他主要货币变成了法定货币。不过，和货币以往的经历一样，这一次转变也没有被广泛宣传。现代中央银行被设计成古罗马神庙的样子是有原因的。和约翰·劳不同，尼克松首先确保银行家和他站在一边。正像加尔布雷思指出的那样："人们并没有谈到最终放弃金本位制。相反，人们说的是兑换黄金的窗口已经关闭，没有人会因为关上一

---

① 引自1971年8月15日尼克松的演讲，他声明结束黄金对美元的可兑换性。——编者注

扇窗户而产生过激反应。"事实上，这一次转变的唯一后果就是货币与存储在诺克斯堡、美联储或者其他任何地方的黄金储备都没有正式的联系了。

第二次世界大战后，各种金融创新的举措不计其数，货币虚拟的一面在这些举措中体现得非常明显，比如：20世纪50年代的第一张信用卡，60年代的自动取款机，70年代到80年代出现的电子股票市场和期权交易所，90年代的网上银行，以及进入21世纪以后出现的加密货币。

私营金融部门的作用也有了显著增强。事实上，发达国家的绝大多数货币——比如在英国，大约97%的货币，并不是由央行制造出来的，而是通过私营银行的贷款（通常以抵押贷款的形式）制造出来的。哈特利布社团关于土地银行的想法已经通过房主的信用额度这类工具实现了，人们可以把自己的房子当成提款机使用。英国金融服务管理局前主席阿代尔·特纳（Adair Turner）指出，正如炼金术士们预测的那样，银行可以创造出"近似无限的"个人信贷和货币数量。而且，"令人惊讶的是，银行在创造信贷、货币和购买力方面的作用，已经超出了现代宏观经济学原先的预想"。

> *"我们将推动必要的改革，建立一个新的国际货币体系已经刻不容缓。"*
>
> *——理查德·尼克松*

不过，或许欧元的建立才是对虚拟货币的最大试验。与美元不同，欧元从一开始就被设计为法定货币。

国际联盟（League of Nations）在1929年就首次提出欧洲统一货币的想法，但是直到1999年1月1日，在满足了一系列"趋同标准（convergence criteria）"，诸如通货膨胀率、利率以及政府借贷等标准之后，有11个欧洲国家正式批准把欧元作为记账单位。在2002年发行了第一批真正的欧元硬币和纸币后，以前的货币被取代并退出流通。根据最新的统计，在目前欧盟成员国中，有19个国家使用欧元，其余大多数国家也都打算在未来使用欧元。

欧元的设计者之一是哥伦比亚大学的经济学家罗伯特·蒙代尔（Robert Mundell）。1999年，他因为"最优货币区"理论的研究而获得诺贝尔经济学奖。我们并不清楚欧盟是否满足了所有的

▲1999年，由11个欧洲国家建立了欧元体系。现在有19个欧盟成员国在使用欧元。

必要条件，比如劳动力高流动性等。然而，对于这样一片饱受战争创伤的大陆来说，统一货币不仅仅意味着不用兑换货币了，也意味着可以用共同货币体系约束各成员国遵守财政纪律，更意味着一个新的欧洲身份。

由于欧盟对主权和领土等经典概念的处理方式，1993年，政治学家约翰·鲁吉（John Ruggie）称它为世界上"第一个真正的后现代国际政治体"。而欧元的设计者也采用了类似的后现代手法。纸币上的图案不再是人物，而是各种历史风格的窗户、大门和拱门，以及桥梁和高架桥等建筑物。

欧元的一个复杂之处在于，在欧洲央行背后，没有财政机构或者强大的中央政府支撑它，这些职能在国家层面上才有。1988年，包括L.兰德尔·雷（L. Randall Wray）在内的一些经济学家提出警告，这实际上意味着成员国"在执行财政政策时，使用的是一种外国货币；政府要借入这种外国货币才能实现赤字开支"。

虚拟货币可以充当统一的纽带，这一理念已经经受过诸如2007—2008年的金融危机等事件的严峻考验。在此次事件中，希腊几乎被逐出了欧元区。另外，尽管欧元已经成为仅次于美元的全球第二大交易货币，但它现在仍然面临着压力。作为一种跨国货币，欧元存在了很长时间，但自身充满了矛盾。这一事实说明，在当前这个时代，货币不仅对我们的生活极其重要，同时也比以往任何时候都更加抽象、模糊而且变化莫测。在下一章中，我们将看看经济学家们是如何理解货币中这种令人困惑的属性的。

第五章　货币与经济学

如果你问某个不是经济学家的人，经济学是什么？他们可能猜测经济学是某种和货币有关的学问。的确，如果货币会说话，那么经济学家无疑就是翻译，能把货币奇怪的语言翻译成大家听得懂的话。然而，现实情况却有些不同，从给经济学下定义开始就有些不同。

对经济学最常见的定义可以追溯到英国经济学家莱昂内尔·罗宾斯（Lionel Robbins）在1932年给出的说法："经济学是一门研究人类行为的最终目的和稀缺财产之间关系的科学。"更普遍的说法就是：经济学是一门关于稀缺资源的科学。所以，这里压根就没有提到货币。

在谈到货币的时候，正如我们在第一章提到的那样，在传统观念中，货币被描述成一种被动的交易媒介，作为一种物品本身并没有什么特别的。经济学家保罗·萨缪尔森（Paul Samuelson）在他的畅销教科书《经济学》（Economics）中，将货币描述为"任何能够被普遍认可的交易媒介"。虽然这句话足以描述货币是如何使用的，但它似乎并没有触及货币的本质——或者说并没有解释，究竟因为什么它会对人类的心理造成如此大的影响。

2007—2008年的金融危机之后，行为经济学家和其他专家对心理学在金融交易中的作用进行了研究，探讨金融泡沫等现象。随着研究的逐步深入，人们原先这种对货币不屑一顾的态度才有所改变。但即便如此，货币也常常被视为一个衡量效用的客观尺度。这就引出了问

▲莱昂内尔·罗宾斯给出的或许是经济学最著名的定义。

题：货币在经济学中究竟意味着什么？为什么人们经常忽视它，或者对它的影响视而不见？

经济学在很大程度上塑造了我们对货币的看法。所以，货币本身以及货币的历史在一定程度上就是经济学的历史。在这一章中，我们将剖析货币与经济学之间的复杂关系。我们先从亚当·斯密谈起，他是公认的现代经济学的创始人，也是"看不见

▲保罗·萨缪尔森，20世纪最著名的经济学家和货币理论学家之一。

的手"这一经典概念的发明者。

看不见的手

今天，亚当·斯密最为人熟知的成就，是他在1776年发表的《国富论》（*The Wealth of Nations*）。人们普遍认为，这本书是把经济学转变为客观科学的一次重要尝试。然而，他在1758年还写了另外一本书——《天文学史》（*History of Astronomy*），但这本书几乎不为人知，直到他去世后才出版。我们可以从这本书中一窥他写作《国富论》的动机。在这本书里，斯密研究了"所有不同的自然系统"，展示了以"艾萨克·牛顿爵士卓越的天才和睿智"为代表的科学方法是如何把世界上"各种混乱、不和谐的现象"简化为一套简单的物理定律的。"他用物理定律把所有现象连接在一起，它们必然遵守这些定律。"斯密的目标就是在经济学上完成类似的工作，尽管缺少所有这些等式。

> "我们每天有吃有喝，并非由于屠夫、酿酒师或者面包师的仁心善行，而是由于他们关心自己的利益。"
>
> ——亚当·斯密，《国富论》

同样是在这本书中，斯密第一次提到了"看不见的手"这个概念。在谈到多神崇拜的宗教如何解释神迹时，他提到了"朱庇

▲亚当·斯密，几乎被公认为现代经济学之父。

特（Jupiter）那只看不见的手"。在1759年出版的《道德情操论》
（*The Theory of Moral Sentiments*）中，他写道：富人被"一只看
不见的手引导"，和"穷人一起分享他们的经营改良所获得的一
切成果……就这样，在没打算要有这种效果，也不知道有这种效
果的情况下，增进了社会的利益"。[①]今天，人们可能称它为"涓
滴经济学"。在《国富论》一段有关贸易政策的段落中，这个短
语再次出现，说个体"被一只看不见的手引导，促成了一个在其
意图之外的目标"。

亚当·斯密在自己的著作中没有再使用这个短语。但他认
为，人们出于自身利益的行为可以导致最优的结果。对他而言，
这就是经济学上的"牛顿万有引力定律"，必然可以理清混乱的
经济现象。而这个过程的第一步就是平息货币造成的混乱，或者
更确切地说，把货币一脚踢开。

在《国富论》中，亚当·斯密首先断言，货币只是一种商
品，它的价值是由它含贵金属的重量决定的。"在此值得特别注
意的是，当提及商品的货币价格时，我指的始终是它们售出所得
纯金或纯银数量，完全不关乎钱币的名称或单位。"

虽然这个回答解释了确定货币价值的方法，但如何给那些
不由金属制造的货币确定价值呢？亚当·斯密在劳动价值论
（labour theory of value）中找到了答案。正如货币的价值可以简化

---

① 此处译文选自中央编译出版社（2008）译本，谢宗林译。——译者注

为一块金属的重量一样，商品的价值也可以用人体消耗的能量来衡量。他写道："每一件物品的真正价格，或者对于任何想取得它的人来说，它的真正成本，就是为了得到它所必须付出的辛劳。"他用了一个简单的思想实验来说明这个理论："譬如，在狩猎民族里，如果捕杀一只海狸，所需的劳动通常是捕杀一头鹿的两倍，那么一只海狸自然应该交换两头鹿，或者说价值两头鹿。"

在这个类似牛顿定理的等式中，一件物品的价格，以金子的重量衡量，是由人体消耗的能量决定的。这使经济学有了可靠的基础。唯一使这个等式复杂化的问题是：价格总在波动。例如，一盎司黄金的成本可以用开采它所需的劳动量来衡量，但它同时还受到矿藏"丰富与否"的影响。因此，有必要通过区分"真实价格"和"名义价格"来抵消这些影响。真正重要的只是相对价格。今天，经济学家也在做类似的事情。他们测量的实际国内生产总值（GDP）是扣除通货膨胀因素后的经济增长。

亚当·斯密不是用货币或者静态财富来解释经济的，他用的是生产、交换和劳动力等动态过程。他认为，经济增长的主要驱动力是劳动分工，他认为这是人类的自然发展趋势："虽然人们从分工得到许多好处，但一开始，分工并不是任何人的智慧结晶……分工的形成，是因为人性当中有某种以物易物的倾向。这种倾向的作用虽然是逐步而且缓慢的，也完全不问分工是否会产生广泛的效用，然而分工却是这种倾向必然产生的结果。"

专业分工以及互通有无的结果就是，即使每个人只关心自己的利益，经济也能满足大家的需求。"我们每天有吃有喝，并非由于屠夫、酿酒师或者面包师的仁心善行，而是由于他们关心自己的利益。我们关注他们自利的心态而非人道精神。"或者像萨缪尔森在1948年说的那样："每个人，在追求自身利益的时候，就像被一只看不见的手引导，为所有人带来了最大的好处。因此，政府对自由竞争的任何干涉几乎都是有害的。"就这样，对"看不见的手"这一理论的现代理解诞生了，自由竞争的市场代替了掌管天空和雷电的朱庇特的角色。

工业革命

自亚当·斯密以来，经济学一直试图发展成一门比较客观的科学。但现实是，经济学理论总受到其历史背景的影响。亚当·斯密本人著书立说的时候，正值工业革命时期，那时的经济增长速度史无前例。人类直到18世纪中期，经济产出一直保持相对稳定。然而，随着欧洲和美国出现新的制造业工艺，这种情况在亚当·斯密生活的时代发生了改变。手工生产变成了蒸汽机械生产，出现了机械化工厂。纺织、化工、钢铁、运输等行业都受到了影响。机械化带来了收入和生活水平的大幅提高，人口增长率也提高了。

在金本位制度下，货币是由黄金含量定义的。但和重商主义经济学家不同，亚当·斯密没有将价值与金条银锭混为一谈，他把财富看作市场的果实，是他身边欣欣向荣、多姿多彩的市场结出的果实。他理论中所谓的价值可以通过黄金衡量，通过劳动创造，通过分工扩展，通过市场传播，这在当时的背景下是说得通的。这套理论的一个必然结果就是，货币从经济分析中消失了——这一点产生了持久的影响。经济学家让-巴蒂斯特·萨伊（Jean-Baptiste Say）在法国推广斯密的理论，他总结道："货币是一层面纱。"然而，我们后面会看到，更准确的说法是，亚当·斯密提出的那个经济学上的等式是一层面纱。

> "如果你回到1800年，每一个人都很穷。我的意思是每一个人。然后工业革命开始了，很多国家都从中受益。"
>
> ——比尔·盖茨（Bill Gates）

亚当·斯密的工作意义重大，它不仅是经济学的基础，也是美国立国的基础。他的《国富论》于1776年出版，正值美国独立战争期间。他的书对美国产生了深远而持久的影响。美国经济学家乔治·阿克洛夫（George Akerlof）认为，美国的"核心意识形态"与"亚当·斯密的基本观点"一致，甚至在今天仍然"左右着大量的政策"。

经济学的下一次革命也是历史发展的产物。不过这次的革命是由金融发展驱动的,而不是由工业发展驱动的,但它的影响同样持久。

铁路狂热

制造业、专业化分工、运输以及国际贸易的增长推动了工业革命,这些都涉及实际物品——比如商品和劳动力——的生产和交换。当然,建造工厂和铁路之类的设施需要大量资金,但像亚当·斯密这样的古典主义经济学家(这是我们现在对他们的称呼)只把实物看作资本,而不把货币本身看作资本。他们假设,人们的储蓄和利润都直接购买了实物。真正重要的是实际的物品,而不是虚拟的数字。

到19世纪中期,股票和债券等金融市场逐渐增多,对经济的幕后操纵越来越明显。其中一个例子就是19世纪40年代出现在英国和爱尔兰的"铁路狂热"(Railway Mania)。随着工业的发展,很多东西需要运输,但运河或者马车无法满足这样的交通需求。

世界上第一条正式的城际铁路是利物浦到曼彻斯特的铁路(L&MR),它于1830年开通。很快,类似的铁路遍布英国各地。这些建造铁路项目往往通过在股票市场上出售股票来筹集资金。随着股价攀升,投资者们兴奋不已,这又吸引了更多的投资者,

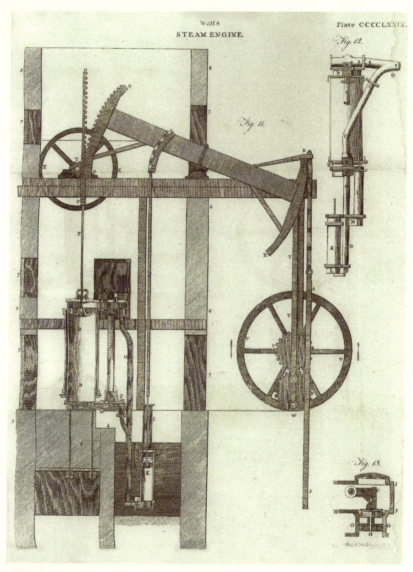

▲詹姆斯·瓦特（James Watt）具有革命性的蒸汽机草图。

▲铁路建设的激增并非受到所有人的欢迎。

也吸引了更多的公司进入股市。1846年，这股"铁路狂热"达到巅峰。英国议会通过了大约272项法案，目的是合并新的铁路公司。由这些公司规划建设的铁路长度总计达9500英里（约1.5万千米）。

　　当然，泡沫很快就破灭了，股价在几年内下跌超过50%。许多公司要么倒闭了，要么事后被发现从一开始就是为了欺诈而成立的。从很多方面来讲，"铁路狂热"现象就是21世纪版的互联网泡沫——它们都是在开始时过度炒作一项新技术。不过，从长期来看，都对社会发展有着积极的影响。

▲1830年，利物浦至曼彻斯特的铁路开通。

在这个例子中，投机热潮不仅给英国带来了完美的铁路系统，而且助推了现代股票市场的建设。通过宣传材料、小册子以及地方报纸和国家报纸上的文章（当时，英国老百姓也破天荒地买得起这些报刊、小册子了），公众普遍了解到金融投资是合法的。突然之间，普通公众可以考虑在抽象的市场上投资了，而且只要用股票列表上的一个数字就能押注一家公司。

> "我发现，议会法案的数量……是判断恐慌即
> 将来临的最好指标。"
>
> ——威廉·斯坦利·杰文斯

威廉·斯坦利·杰文斯

英国经济学家威廉·斯坦利·杰文斯（William Stanley Jevons）亲身体验了"铁路狂热"带来的影响。他的父亲是利物浦的铁器商人，也是建造第一艘铁船的工程师。但他的家庭作坊在1847年经济危机之后破产了。杰文斯在伦敦大学学院（University College London）学习了两年，但由于破产后的财务压力（当时还没有学生贷款这一说法），他离开学校来到澳大利亚的悉尼，在一家新式铸币厂担任检验员。五年后，他回到英国，继续学习逻辑学和政治经济学。

"铁路狂热"的经历似乎教会了他研究经济学的方法。他是最早详细研究商业周期的经济学家之一。19世纪60年代初，他开

▲经济学家威廉·斯坦利·杰文斯创立了边际效用理论。

始着手建立一个"统计学图谱",包括各种经济主题的图表,其中就有对"商业风暴"的预测。他在1861年给他的兄弟赫伯特(Herbert)的一封信中说:"我发现,议会法案的数量、专利的数量以及生产砖块的数量是判断恐慌即将来临的最好指标。人们的恐慌通常来自劳动力投入巨大却又不能立即赢利的项目,比如机械工程,运河、铁路项目等。"

杰文斯对商业周期的兴趣并不纯粹是理论上的,因为他自己

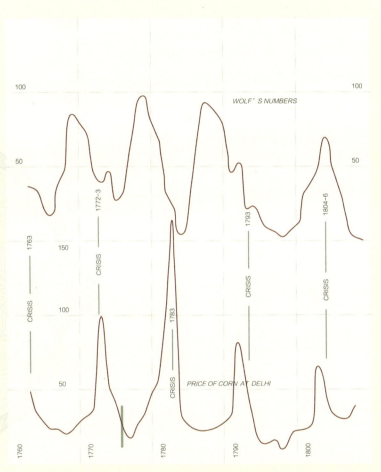

▲杰文斯的图表显示了太阳黑子的活动（上方的曲线）和以印度德里的玉米价格为代表的商业活动（下方的曲线）的波动。

也要靠投资挣钱。在1864年的另一封信中，他告诉赫伯特："铁路的红利也提高到了6%，由此，我会有大约170英镑的收入，足以负担所有的开支了。"

按照他自己的理论，商业循环是一种周期性现象，并不是由投资者的情绪驱动的，而是由太阳黑子驱动的。正如他在1875年写的那样："如果行星管理太阳，而太阳管理收获和丰产，那么太阳也就掌管着食品和原材料的价格以及货币市场的状态。这样看来，我们可能会证明，行星的结构是造成重大商业灾难的原因。"但是，他认为的平均商业周期是10.5年，这与太阳黑子的活动周期并不完全吻合。这导致他质疑天文学家的观测质量，为此争论了很多年。

在一个可以在交易所里投资股票并以此为生的世界里，如果股票价格取决于大约1.5亿千米之外太阳表面发生的事件，那么很容易想象，劳动价值理论大概并不适合此情况。而这正是杰文斯提出边际效用理论的原因。

边际效用

1871年，杰文斯在其出版的《政治经济学理论》（*The Theory of Political Economy*）一书第二段中宣布："经过反复的思考和探究，我得到一种颇有几分新奇的观点：价值完全取决于效用。"18世纪末，英国的哲学家和社会改革家杰里米·边沁（Jeremy Bentham）提出了"效用"这个概念。效用在这里的大概

▲杰里米·边沁创立了功利主义哲学流派。他的遗体至今保存完好，陈列在伦敦大学学院中。

意思就是好的、有用的或者令人愉快的东西。具体而言，边沁把效用定义为"可以增加或者减少当事者幸福的东西"。

边沁思考的是如何"最大化"（正是他发明了这个词）整个社会的幸福，但同样的想法也可以用在金融市场中。例如，如果你持有一家铁路公司的股票，它的价格上涨了，那么你的效用就增加了。

但杰文斯认为，更准确的说法是，交易价格是由边际效用决定的。边际效用考虑了你已经拥有的东西。如果你渴了，那你愿意为第一杯水付的钱要比第七杯水的多；如果你已经很富有了，那你的股票投资小幅上涨不会让你感到特别高兴，即使上涨的实际金额相当大也是一样。

杰文斯写道，他的目的是"把经济学看作对快乐和痛苦的计算"。当然，效用是一种心理感受，无法直接测量。但是他认为，如果效用就是价值，那么就可以通过价格来测量它："我不敢说人类永远找不到方法直接测量人的内心感受。衡量快乐或痛苦的单位甚至连想象都是非常困难的；但正是这些情感的数量促使我们不断买入和卖出，借入和借出，劳作和休息，生产和消费。正因为情感有强弱，所以我们才必须测量它们的相对数量。我们无法通过重力本身来认识它的本质并且测量它，同样，我们也不能就情感本身来测量情感。但是，正如我们可以依靠钟摆的运动测量重力，我们也可以根据人们的决定知道他们哪种感受更强烈。人类的意志就是我们的钟摆，它的振幅都精确地记录在市

▲新古典主义经济学家卡尔·门格尔（左）和里昂·瓦尔拉斯（右）。

场的价格表当中。"①

　　因此，可以用杰文斯所谓的"效用和自利心的力学关系"为经济建立模型。他的理论和亚当·斯密的理论相似，市场揭示出来的数量是以价格的形式表现出来的。但不同之处在于，杰文斯的量是效用的量而不是劳动的量。

> "最多数人的最大幸福是道德和立法的基础。"
> ——杰里米·边沁

---

① 此处采用的是商务印书馆（1984）出版的译本，郭大力译。有改动。——译者注

新古典主义经济学

当时，边际效用的概念呼之欲出，因为大约在同一时间，另外两位经济学家也独立地提出了这个概念。他们是法国的里昂·瓦尔拉斯（Léon Walras）和奥地利的卡尔·门格尔（Carl Menger）。和杰文斯一样，他们认为商品的价值是由消费者从商品上获得的效用决定的；随着商品数量增加，这种效用递减；而市场实际上扮演着价格发现机制的角色。

和古典主义经济学家不同，他们不是根据土地、劳动力和资

▲欧文·费雪（右）警告人们通货膨胀的危险。

本等生产要素来分析经济的，他们把重点放在了价格上。门格尔在1871年写道，他的目标是建立一种"基于现实的价格理论"。这三个人都受到他们自己在金融和股票市场中经验的影响。瓦尔拉斯做过一段时间的银行经理，他的市场经济模型是建立在巴黎证券交易所的基础上的；门格尔最初对经济学产生兴趣是在25岁左右，当时他在维也纳证券交易所担任一名报社记者。

因此，从某种意义上讲，新古典主义经济学看上去谈的都是货币，但实际上谈的都是价格。这其实是两件事，毕竟，你付给别人的不是"价格"。在古典主义经济学中，人们把货币看作是一种度量标准，或者一种被动的交易媒介，而不是事物本身。例如，英国著名哲学家、经济学家约翰·穆勒（John Stuart Mill）在1848年出版了《政治经济学原理》（*Principles of Political Economy*）一书，该书作为标准教科书长达60多年。这本书有一章就专门谈到了货币机制。但他同时也强调："简而言之，在社会经济中，没有比货币更微不足道的东西了。"

他们关注价格的主要原因是，它是一个数值，可以用数学方程式以及类似物理定律的法则来处理它。正如杰文斯说的那样，当人们"充分掌握这些公式的真正含义时，这些定律会像运动学或者静力学的定律一样，确定无疑。或者甚至像《几何原本》一样不证自明"。瓦尔拉斯同样将经济学描述为"一门在各个方面都与物理及数学相似的科学"。

为了完成把经济学数学化的壮举，经济学家不得不对很多假

▲一个华尔街的投机者在股市崩盘中赔光了所有钱后，试图卖掉他的汽车。

设做了简化。杰文斯假设："我们必须把每个个体看成是纯粹出于个人需求和个人利益进行交换的，而且必须处于完全的自由竞争状态中。"他假设，在一个群体中，人们不同的行为方式会相互抵消，所以重要的是"一般人"的观点。市场有自我调节、保持稳定均衡的能力，会平衡供给和需求。瓦尔拉斯试图用一个理想经济体的数学模型证明这一点。而且，最重要的是，货币和其他商品一样也是一种商品，自己不会主动起作用。

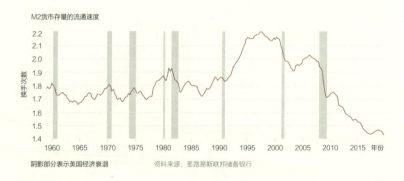

M2货币存量的流通速度

换手次数

阴影部分表示美国经济衰退　　　资料来源：圣路易斯联邦储备银行

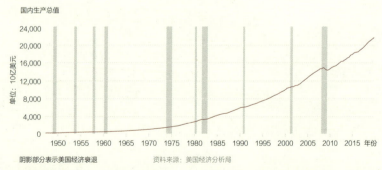

国内生产总值

单位：10亿美元

阴影部分表示美国经济衰退　　　资料来源：美国经济分析局

▲上方的图表显示了美国货币的流通速度。下方的图表显示了美国的国内生产总值。阴影部分表示经济衰退。

货币幻觉

用研究物理学的方法研究经济学，这种做法在美国经济学家欧文·费雪（Irving Fisher）的手里上了一个新档次。1891年，他获得耶鲁大学第一个经济学博士学位。在他的论文（之后出版成书）《价值和价格理论的数学研究》（*Mathematical Investigations in the Theory of Value and Prices*）中，在力学概念和经济学这二者之间建立了明确的联系。他用粒子代表个体，空间代表商品，力代表边际效用，能量代表效用。

在这一理论中，货币的任务是控制通货膨胀。费雪用一个等式MV = PT解释了这一点。在这里，M是流通中货币的数量，V是货币转手的平均速率（也就是"货币周转率"或"货币流通速度"），P是交易时的平均价格，T是交易总量。等式左边的MV代表在这个经济体中有多少货币在流动——如果1英镑的铸币在一

▲一张魏玛共和国的2000万马克的钞票。它是恶性通货膨胀的生动写照。

年内周转了3次，那么它在总交易中就代表了3英镑。等式右边的PT，在一个国家中相当于今天所谓的国内生产总值。

因此，这个等式表明，国内生产总值等于货币乘以货币周转率。在会计学上，这是一个恒等式，因为经济活动是由货币的流动来衡量的。如果货币被囤积起来，那么货币的平均周转率就会下降，经济发展速度就会放缓。在这个等式中，费雪假设货币周转率V和交易总量T是不变的，那么，货币供应量M如果增加4%，价格水平P也会增加同样的百分比。由此可见，中央银行可以通过监督货币供应量来控制通货膨胀。如果通货膨胀攀升，只需要轻踩一下货币供应量的刹车就可以了。

从理论上讲，通货膨胀其实并不可怕。正如亚当·斯密和其他古典主义经济学家教导我们的那样，真正影响人们生活的是剔除通货膨胀因素后的实际价格。但费雪认为通货膨胀是有害的，因为人们有一种他所谓的"货币幻觉"——我们总喜欢用名义价格来考虑问题。当通货膨胀很严重的时候，很难比较不同时期的价格——如果你的房子比你买的时候涨了一倍，但生活成本也增加了一倍，那么你的房价涨幅听起来就不那么令人惊讶了。通货膨胀还意味着企业需要不断提高价格，而这么做很难不失去客户。

费雪恒等式后来成为货币学派的理论基础。它最著名的拥护者是美国经济学家米尔顿·弗里德曼。他在1970年说："在任何时候、任何地方，通货膨胀归根结底都是一种货币现象。它的产生是因为，而且只是因为货币的增长速度高于产出的增长速度。"但正如我们后面要讨论到的，通货膨胀实际上比这个要复杂得多。

人们忽视了货币

总之，古典主义经济学和新古典主义经济学都是它们那个历史时代的产物。古典主义经济学是对工业革命整体过程的一种反应，它关注的是土地、劳动力和资本这些方面，这里的资本指的是工厂和基础设施，而不是货币。古典主义经济学改进了重商主义，证明经济增长并不仅仅是财富的积累。它把经济学看作一种社会机制，为经济学的发展奠定了基础。在这个过程中，它在事实上把货币从它的理论中剔除出去了。

新古典主义经济学彻底颠覆了劳动价值论，它认为所有东西的价格，包括劳动力价格在内，反映的都是对效用的主观认识。通过把价值这一复杂概念简化为数字，经济学家可以用数学研究经济学，并把它看作是一个和物理系统等价的系统。货币除了用来控制通货膨胀等技术问题，同样被排除在理论分析之外。

进入20世纪，经济学的发展继续受到实体经济中发生的各种事件的影响。在欧洲，受到第一次世界大战后在奥地利和德国等国家发生的恶性通货膨胀的影响，一个强调稳定价格的秩序自由主义经济学派形成了。20世纪30年代，经济大萧条导致以英国经济学家约翰·梅纳德·凯恩斯（John Maynard Keynes）命名的凯恩斯主义经济学的发展。他的理论主张在经济衰退时调动政府资金来刺激经济。

20世纪的最后20年是所谓的"大缓和（Great Moderation）"时期，商业周期的波动变缓。随之而来的是追求舒适的确定性以及新古典主义经济学的回归。直到2007—2008年的全球金融危机再一次把经济学打回原形。这场危机对欧元区的影响尤其严重。欧盟一些成员国（希腊、葡萄牙、爱尔兰、西班牙和塞浦路斯）发现，他们急需救助才能偿还债务。这暴露了欧元区在设计上的缺陷，导致他们与秩序自由主义者之间关系紧张。

总结下来就是，经济学可能不拿货币当回事，但金融领域发生的事件——包括繁荣与萧条，都无疑影响了这门学科的发展。

与此同时，颇为讽刺的是，经济学领域长期忽视货币的重要性，却因此导致货币变得前所未有的重要。它的影响更加飘忽不定，更容易造成潜在的风险——而这一切恰恰是因为我们没有一个理论框架来理解和处理货币的一些令人迷惑不解的趋势。

在下一章中，我们将更详细地研究金融危机这一现象，并展示一种有关价值的理论是如何导致有史以来最大的价值毁灭的。

> "我现在看不到任何希望——任何人类的希望。"
>
> ——1932年，美国前总统卡尔文·柯立芝（Calvin Coolidge）谈及大萧条

▲《移居的母亲》(*Migrant Mother*)，摄影师多萝西亚·兰格(Dorothea Lange) 1936年的作品。这是大萧条时期苦难人民的典型形象。

第六章 繁荣与萧条

正如我们在上一章看到的，长期以来，经济学家一直在强调市场可以调节价格，使之达到一个均衡水平，反映出商品的固有价值。他们一直在寻找一个稳定的法则，解释亚当·斯密所谓的现实生活中的"混乱冲突和不和谐的现象"。然而，经济最持久的特征就是：它非常不稳定。我们可以从金融领域的繁荣与萧条中看到这一点。

些经济学家在理论上认为，繁荣与萧条是更深层次的周期性秩序的标志。例如，1878年，威廉·斯坦利·杰文斯注意到："1763年、1772年、1782年或1783年以及1793年，英国都发生了相当大的经济危机。而且我已经发现1753年就有一些危机的迹象。"这些观察似乎符合他关于太阳黑子的理论。

一直以来，还有一些经济学家认为，经济的常规周期在时间上与经济在某些方面的波动一致。与杰文斯同时代的法国经济学家克里门特·朱格拉（Clément Juglar）独立发现了一个在投资中9到11年的盛衰周期，其中包括4个阶段：繁荣、危机、清算和衰退。另一些用经济学家名字命名的周期有：15至25年的库兹涅茨（Kuznets）基础建设周期；45至60年的康德拉季耶夫（Kondratiev）科技周期；还有短一些的45—60个月的基钦（Kitchin）周期。

▲约瑟夫·熊彼特推广了创造性破坏这个概念。

1939年，奥地利经济学家约瑟夫·熊彼特在《商业周期》（*Business Cycles*）一书中提出，经济波动是所有这些不同的周期叠加在一起造成的。他认为在大萧条开始时就出现了这种情况。但经济的繁荣与萧条确实会遵循固定的模式吗？还是应该更准确地说，这种经济波动是因为人们看不到货币的混乱而引起的？国际货币基金组织在一份报告中，分析了"1970—2017年全球151次系统性的银行危机"——平均每年发生的次数要超过3次。此分析表明，金融体系在某种程度上缺乏可靠性。在这一章中，我们将看到，货币在本质上的不稳定性是如何在更大的经济体中表现出来的，以及忽视了这种不稳定的经济理论是如何在金融危机中推波助澜的。

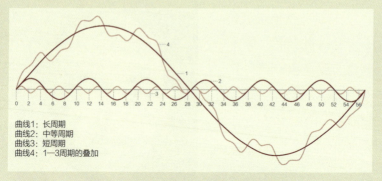

曲线1：长周期
曲线2：中等周期
曲线3：短周期
曲线4：1—3周期的叠加

▲熊彼特的商业周期模型。通过叠加不同频率的周期来模拟经济的波动。

民众的癫狂

　　1841年，苏格兰记者查尔斯·麦凯（Charles Mackay）在他的《大癫狂：非同寻常的大众幻想与群众性癫狂》（*Extraordinary Popular illusion and the Madness of Crowds*）一书中，记录了历史上一系列经济上的大起大落事件。一个早期的例子是1637年的荷兰"郁金香热"，当时新引进的郁金香球茎价格飙升，一个球茎的价格达到一个熟练工匠一年工资的10倍。根据麦凯的说法，所有人都加入进来："贵族、市民、农民、机械师、海员、男仆、女佣，甚至是烟囱清洁工和卖旧衣服的妇人，都加入到购买郁金香的行列。"这种疯狂一直持续到他们的投资突然间一落千丈的那一天。

　　在麦凯的书中还列出了一些其他类似的"大癫狂"事件，包括约翰·劳的密西西比公司。在后来的版本中，还加入了19世纪

40年代的"铁路狂热"。然而，今天最能引起共鸣的案例或许是18世纪早期的英国南海公司（South Sea Company）事件。正是这次事件首次让"泡沫"这个词成了金融词汇。

英国南海公司成立于1711年，是一家英国政府和私营部门合作运营的公司，目的是为英国国债筹集资金。它的回报就是获得与墨西哥和南美的永久贸易垄断权，尤其是获得将非洲奴隶运到新大陆的西班牙港口的权利。唯一有些棘手的是，这些地区由西班牙控制，而英国当时正在与西班牙交战——但公司的董事们向英国公众保证，在和平谈判期间，这一问题会得到妥善解决。

▲查尔斯·麦凯的书是对人类愚蠢行为的经典描述。　　▲荷兰的郁金香。

▲小布鲁盖尔（Brueghel the Younger）讽刺17世纪"郁金香热"的作品。

　　他们请了一些作家，包括几位闻名遐迩的大文豪帮助他们做公关工作。他们的一部分工作就是让公众对残酷的大西洋奴隶贸易产生积极的看法。他们通过强调这些地方的异域风情来达到这一目的。一位匿名作者（可能是笛福）称新大陆中有"取之不尽

▲《愚人的马车》（*Wagon of Fools*）是讽刺"郁金香热"的众多绘画之一。

▲1720年的英国南海公司丑闻是大众癫狂闹剧的又一案例。

的金山和银山"。后来，这些舞文弄墨之人将他们的文学技巧运用到了各自的小说中——笛福写出了《鲁滨逊漂流记》(*Robinson Crusoe*)，斯威夫特写出了《格列佛游记》(*Gulliver's Travels*)。

筹集到资金后，这家公司设法开展了一些奴隶贸易，但这些航行业务开展的结果，比预期的更复杂、更昂贵，而且不清楚是不是赚到过钱。但不管赚没赚到钱，董事们都更愿意集中精力，从事更安全的金融业务。这家公司受到约翰·劳的密西

▲丹尼尔·笛福（上图）和乔纳森·斯威夫特（后页图）帮助推广了金融泡沫这个概念。

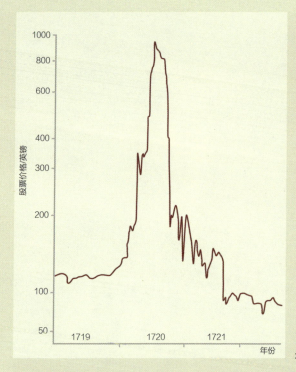

◀南海公司股票价格
走势图。

西比公司的启发（当时这家公司尚未崩盘），提出了一个方案，
要把自己持有的国债份额提高三倍，并几乎包揽所有国债。他
们提出的条件比作为竞争对手的英格兰银行更优厚。他们通过
贿赂打通关节，最终英国政府接受了它的方案——这就是引发
癫狂的开端。随着贸易增长的传言在伦敦金融城的咖啡馆里传
开，1720年上半年，它的股价上涨了5倍多，达到每股约1000
英镑。

和以往一样，股票市场上的兴奋劲头激发了企业家的活力，

他们都想提出自己的计划，利用这股热潮赚钱。同一年，在一些公司的招股说明书中，有人说要开发"永动机"，或者"从铅中提炼白银""把水银变成具有延展性的贵金属"等。有人甚至宣布要成立一家公司："从事一项好处巨大的事业，但不能对任何人泄露它是什么。"这家公司准备发行5000股股票，每股面值100英镑，押金2英镑，并且承诺每年每股付息100英镑。这个人很快卖出了1000股，然后——逃去了欧洲。

> *"我能算准天体的运动，但是算不准大众的狂热。"*
>
> ——艾萨克·牛顿

正如麦凯评论的那样："公众的心智在不健康地发酵变质。人们再也不满足于小心谨慎地从事虽然较慢但肯定能够赢利的产业了。"而在同一时间，南海公司的董事们可能觉得大家的乐观情绪已经达到顶峰，便开始抛售他们的股票。

这还是引起了公众的注意——或者说，狂热的态势也许已经发展到了这一步。股票价格先是停住不动，然后摇摆不定，接着开始下跌。到9月底，股价崩溃，跌回了135英镑。正如乔纳森·斯威夫特（那时他已经不在南海公司领报酬了）写的那样：

数以千计的股东

不知所措，互相踩踏，

每个人都在漏水的船里拼命划桨，

他们想来这里捞金子，结果却溺毙在当场。

人们咒骂公司的董事们是"鳄鱼和食人族"。公司的财务主管奈特先生（Mr Knight）乔装改扮，登上一艘有特别通行证的船，跑去了欧洲大陆。

在这场危机中，破产的人遍布社会各个阶层，人数创了纪录。艾萨克·牛顿自己也损失了一大笔钱，这使他得出一个结论："我能算准天体的运动，但是算不准大众的狂热。"作为回应，英国政府在1721年通过了《泡沫法案》（Bubble Act）（"泡沫"这个词可能是笛福首先用来描述这种情况的，不过，斯威夫特的文章普及了这个词）。这个法案禁止在没有皇家特许的情况下成立股份公司。然而，这并没能阻止已经成为世界经济一大特征的泡沫。

如果麦凯现在还活着，他一定会为自己的书添加上若干新素材，比如破灭的互联网泡沫，美国房地产泡沫以及许多其他类似的事件。而经济学家们会试图采用另一种方式来阻止泡沫——他们直接说：泡沫根本不存在。

▲苏格兰诗人、歌曲作家查尔斯·麦凯是股市泡沫的批评者。

THE
ASSIENTO;
OR
CONTRACT
FOR
Allowing to the Subjects of *Great Britain* the Liberty of Importing NEGROES into the *Spanish America*.

Sign'd by the CATHOLICK KING at *Madrid*, the Twenty sixth Day of *March*, 1713.

By Her Majesties special Command.

LONDON,
Printed by *John Baskett*, Printer to the Queens most Excellent Majesty And by the Assigns of *Thomas Newcomb*, and *Henry Hills*, deceas'd. 1713.

1713年英国和西班牙签署的"贩奴条约"英文版封面。它是结束了西班牙王位继承战争（War of Spanish Succession）的《乌得勒支合约》（Utrecht treaty）中的一部分。这一条约授予英国在西属西印度群岛贩卖奴隶的专有权。▶

看不见的手定理

在第二次世界大战结束后的几年里，美国和苏联陷入冷战的冰封状态。美国的经济学家们集中精力，希望把新古典主义经济学与凯恩斯主义的一些方面结合起来，发展出一种前后一致的经济学理论。保罗·萨缪尔森称之为"新古典主义综合"，它建立在最大化和均衡的相关原则之上。公司和个人的理性行动的效用会最大化，推动市场以及整个经济走向稳定的均衡。类似不完全竞争这样的问题被看作是"摩擦"，政策制定者可以尽量降低它们的影响。

20世纪50年代，经济学家肯尼斯·阿罗（Kenneth Arrow）和吉拉德·德布鲁（Gérard Debreu）建立了一个理想化的市场经济模型，并以此证明：如果让市场自由发展，会达到最优的均衡状态；在这种情况下，任何改变都会让至少一个人的境况变差，这种情况称为"帕累托最优态（Pareto Optimality）"。这个结果后来被称为"看不见的手定理"，因为它似乎在数学上证明了亚当·斯密的理论，也就是自由市场具有内在的稳定性，可以将价格保持在最优水平。

长期以来，人们把阿罗-德布鲁模型看作新古典主义经济学王冠上的宝石，它促进了均衡模型的发展。直到今天，政策制定者们仍然在使用它。为了得到数学上完美的结果，这个模型必须扩展理性经济人的能力，让他们具有无限的计算能力，具有能制订计划来应对未来每一种可能性的能力。而且，这个模型描述的相当于以物易物的经济场景，里面没有任何货币的角色。最后，这个均衡模型的另一个小缺陷是，当经济学家试图用它解释现实经济的时候，他们发现，它几乎或者完全无法做出相关的预测。例如，它无法预测什么时候经济开始衰退，也无法确定泡沫是不是将要破裂，因为这些甚至都不是这个模型要考虑的事情。

　　经济学中的数学模型越来越多，这为它戴上了光环，好像经济学是一门真正的科学了。然而，在传统上，考验一个科学模型是否正确，要看它能否做出准确的预测——而这些经济模型都失败了。正如美联储前主席保罗·沃尔克后来在2019年的一本书

▲肯尼斯·阿罗（左）和杰拉德·德布鲁（右）建立了一个理想化的市场经济模型。

中抱怨的那样："数以百计的经济学家聚精会神地盯着自己的电脑，但我认为，这恰恰证明了他们在预测经济方面的无能。"

这些经济预测表现不佳的一个理由就是，经济发展容易受到外部的冲击，比如石油价格上涨，而这在本质上是无法预测的，或者说是和模型的假设不符的。另一个理由是，经济过于复杂，没有任何模型可以完美地捕捉它的起伏。而美国经济学家尤金·法玛（Eugene Fama）为预测错误提供了一个别出心裁的借口。他认为，市场之所以不可预测，是因为它太有效了。我们后面会看到，法玛的这个理论为最新一版的金融贤者之石奠定了基础。它承诺提供无限的货币供应——但这也导致了金融史上最大的泡沫和崩溃。

▲尤金·法玛，最先提出有效市场假说。

有效市场

法玛在1965年的一篇博士论文中提出了有效市场假说。他假设像股市这样的市场都是由"大量的、理性的、追求最大利润的人组成",他们可以获得一切信息。市场的力量会推动一切证券的价格达到它真正的"固有价值"。价格的变化是由随机消息推动的,因此在本质上是不可预测的。

和阿罗–德布鲁模型一样,这一理论强化了斯密的观点,认为市场价格等于固有价值,同时认为市场在本质上是理性的、有效的和最优的。它必然的推论就是,在一个有效市场中,不可能出现泡沫。正如法玛后来说的那样:"我甚至不知道泡沫到底是什么。"

当然,这种认为依靠群体意见就能可靠地发现真理的想法,对许多人来说似乎有违直觉。哲学家约翰·洛克说:"没有比依靠(他人的意见)①更危险、更容易被误导的了。因为比起真理和知识,人类的虚伪和错误更多。"更不用提麦凯所说的"民众的癫狂"了。但经济学家们还是主张顺其自然。

其中一个原因是,尽管看上去,市场价格不可预测好像是个坏消息,但这个理论可以提供另一种不同类型的预测。如果你假设市场波动是真正随机的事件,就像掷骰子或者轮盘赌一样,那么就有可能采用统计方法,通过观察过去的价格变化来计算风

---

① 原文引述自洛克的《人类理解论》(*An Essay Concerning Human Understanding*)。——译者注

▲纽约证券交易所。

险。你可能无法预测一只股票在未来一年内价格会上涨10%还是下跌10%，但你可以计算出它上涨或者下跌的概率。这推动了计算金融衍生品（比如期货）风险技术的发展，进而促进了这些衍生品市场的发展。

期权定价

长期困扰经济学家的一个问题是，如何为期权这种金融工具定价。期权赋予买方权利：在未来的某个日期以事先约定好的价格（即执行价格）购买或出售某一特定资产，但不是义务。它的价值来自标的资产，因此称为"衍生品"。自17世纪以来，在伦

▲在屏幕上的"衍生品"。股市正在日益数字化。

敦和阿姆斯特丹等地的证券交易所中就出售期权，但人们通常认为这是押注股价波动，是不光彩的行为。在美国，1929年股市崩盘后，它们几乎被取缔了。甚至到了20世纪60年代，期权也只能在纽约的一个小证券市场中交易。而且雪上加霜的是，没有大家一致认可的方法为期权定价。

例如，如果一只股票今天的价格是100英镑，那么如果你想在6个月后以80英镑的价格购买它，你应该花多少钱购买这个期权？如果股价跌到80英镑以下，那么这个期权就一文不值了。事实上，如果你在期权上的投资回报低于你从无风险投资中获得的回报，比如政府债券，那么你其实是在亏钱，因为你本可以把钱投到其他地方。另一方面，如果股价在6个月后涨到120英镑，那么你可以行权，以80英镑的价格购买股票，再在当天转手以120英镑的价格卖出去，获得40英镑的票面利润。

因此，期权的价格取决于众多的因素。其中有些是在合同里规定好的，比如股票的当前价格（在这个例子里是100英镑）、到期日（6个月）和执行价格（80英镑）。但最大的未知数是，应该如何评估股票最终高于或者低于执行价格的可能性。这就是有效市场理论要解决的问题。如果价格的变化是随机的，但遵循一个稳定的统计分布，那么人们就可以计算出在期权期间，股价上下波动一定数值的概率。

法国数学家路易·巴舍利耶（Louis Bachelier）在他1900年发表的博士论文《投机理论》（*Théorie de la spéculation*）中，已经差不多推导出了期权的定价公式。在1973年，芝加哥大学的费希尔·布莱克（Fischer Black）和迈伦·舒尔斯（Myron Scholes）在麻省理工学院罗伯特·默顿（Robert C. Merton）的帮助下，又把诸如无风险利率的影响等因素纳入考虑，完成了最终的公式。

数学计算公式的出现改变了围绕期权的所有故事。它们不再是赌博，而是一种聪明的风险管理方式。这种方式受到有效市场理论的启发，并且依赖有效市场理论。它出现的时机恰到好处，因为同一年芝加哥期权交易所（Chicago Board Options Exchange）开始营业了。交易所的法律顾问解释道："布莱克-舒

费希尔·布莱克，最先
提出套期保值公式。▶

尔斯模型真正促进了交易所的繁荣……它为套期保值和有效定价这些概念提供了很大的合法性保障，不像在20世纪60年代末70年代初的时候，总被人指责为赌博了。这个问题消失了，我认为是布莱克–舒尔斯模型让它消失的。它既不是投机也不是赌博，它是有效定价。"锦上添花的是，1977年，得州仪器公司（Texas Instruments）推出了一款特殊的手持计算器，可以运行布莱克–舒尔斯公式。

更让人高兴的是，这个公式似乎承诺了一个完美的、自动赚钱的系统。任何理解这个公式的人，或者至少是能在计算器上运行它的人，都可以用它来挖掘市场中的异常现象和错误定价。当然，这个公式依赖许多假设，比如假设市场是完全竞争和有效

▲迈伦·舒尔斯，布莱克-舒尔斯公式的发明者之一。

▲芝加哥期权交易所。

的。但人们普遍认可这个公式，这意味着市场中交易员们的想法是一致的。

这个公式发表后过了25年，舒尔斯和默顿因他们在期权定价方面的研究获得了1997年的诺贝尔经济学奖（布莱克已经去世）。当时，舒尔斯和默顿是一家对冲基金公司的合伙人。这家公司叫长期资本管理公司（Long-Term Capital Management），它

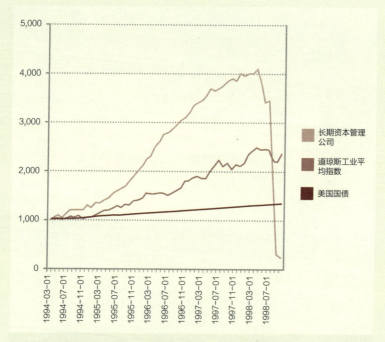

▲从1994年3月到1998年11月，用1000美元投资长期资本管理公司、道琼斯工业平均指数、无风险的美国国债所获得的收益。

利用在期权定价方面的专长，构建复杂而且高杠杆的金融投注工具。根据舒尔斯的说法，他们的商业模式就是"在别人看不到的地方赚几枚硬币"。但这一策略让他们获利颇丰。当人们问他是财力更强还是头脑更强时，舒尔斯回答道："当然是头脑。不过这二者越来越接近了。"但这一切在1998年8月土崩瓦解。当时，俄罗斯政府完全无视有效市场理论，决定违约国债。这家公司不得不请求36亿美元的资金纾困。

这次崩溃暴露了这个模型的一个缺陷，也就是在危机中，当没有人想执行你的命令时，抽象的理论并不那么有效。正如美林证券公司（Merrill Lynch）的一位风险管理经理抱怨的那样："我们没想到他们会遇到麻烦——这些人以风险管理闻名。他们讲授、设计它……他们可是诺贝尔奖获得者呀!"然而，这只是一场更大危机的热身。这场更大危机同样源自数学模型，以及货币复杂而不可预测的行为方式。

> "一旦飓风在市场上肆虐，谁也不知道它会刮向何方。"
>
> ——罗杰·洛温斯坦（Roger Lowenstein），
> 《赌金者：长期资本管理公司的升腾与陨落》
> （*When Genius Failed: The Rise and Fall of Long-Term*
> *Capital Management*）

如何创造货币

根据哥白尼的观点，货币过多会导致通货膨胀。而哈特利布社团知道，一种增加货币供给的方法就是增加信贷。每当私人银行发放一笔新的贷款，它就会创造出新的货币，从而增加货币供给。

我们通常认为，通货膨胀是指食品和服装等日常支出成本增加，但股票或者房地产等金融资产也会通货膨胀。如果金融系统找到一种方法，发放新的贷款，而且大部分贷款最终都购买了金融资产，那么就会形成一个正反馈。某人借钱买资产；因为其他人也都进行同样的投资，所以他的资产升值了；资产升值意味着借款人和银行的财务状况都得以改善，也能贷出更多的贷款了；以此类推，不断循环。

> "将金融风险分散到那些更愿意承担也更有能力承担的人身上，会让经济和金融体系更具弹性。"
>
> ——本·伯南克

　　这个循环里的关键一步就是找到一种方法，发放新的贷款，而这反过来又依赖对风险认知的管理。通常情况下，银行只有在确定能收回资金的情况下才愿意放贷，而且作为最低要求，需要某种形式的抵押，确保没有风险。在约翰·劳的密西西比投资泡沫中，对密西西比公司的投资是由皇家银行印刷、看上去毫无风险的货币做担保的；同时还有更加短暂的许诺，即许诺北美的黄金取之不尽、用之不竭。21世纪初，人们发明了一些诸如债务抵押债券的复杂金融工具来促成贷款。通过复杂的数学计算，这些工具似乎消除了风险。

　　债务抵押债券采用一种聪明的方法，将许多标的资产的还款现金流打包在一起，形成债务资产池，然后按照投资的信用等级依次支付给投资者。例如，如果一个债务抵押债券汇集了1000个抵押贷款的还款现金流，那么它会优先支付信用级别高的投资，然后是下一级，直到垃圾级。一个人的级别越低，在某些抵押贷款违约的情况下，得不到偿付的风险就越高。每个级别都有自己的信用评级，最高级可能是AAA级，但它的定价同时也最高。对银行来讲，债务抵押债券的主要优势在于允许银行将大量贷款打包出售给投资者。这消除了它们在资产负债表上的风险，为发放更多的贷款扫清了道路。

根据主流经济学的看法，这些做法都是好的，但这些经济学忽略了货币扩张的问题。2000年，时任美联储主席的艾伦·格林斯潘向美国国会作证称，此类衍生品具有消除风险的能力，会让金融体系更加强健，"我相信，大型机构的普遍增长是在这种市场的基础结构下发生的。在这种基础结构下，很多较大的风险被有效地，我应该说是被完全地，对冲掉了"。2006年，国际货币基金组织指出："银行将信贷风险分散给更广泛的、更多样化的投资者群体，而不是将它们放在资产负债表上，已经帮助银行以及整个金融系统变得更富有弹性。"同一年，格林斯潘在美联储的继任者本·伯南克（Ben Bernanke）也表示同意这一观点："将金融风险分散到那些更愿意承担也更有能力承担的人身上，会让经济和金融体系更具弹性。"

然而，这些金融工具的主要影响并不是消除风险，而是为信贷扩张松了绑，它造成了很多资产的价格通胀，尤其在美国的房地产领域更为严重。与所有金融泡沫一样，这场危机的根源在于货币的行为方式，而经济学家和政策制定者们对此都知之甚少。

沉默的货币

也许没有什么比全球金融危机更能生动地说明经济学家没有能力预测货币引发的危机了。2008年，美国高杠杆对冲基金，比如贝尔斯登（Bear Stearns）和雷曼兄弟（Lehman Brothers）两家投资银行破产，标志着这场危机进入了最严重的阶段。事实上，即使在这场危机开始之后，人们对危机的洞察力仍然不足：国际货币基金组织的经济学家们在一项研究中一致预测，在他们2008年考察的77个国家中，没有一个国家会在下一年陷入经济衰退（结果有49个国家在下一年陷入经济衰退）。

> "雷曼兄弟不是一家破产公司。"
>
> ——2015年，雷曼兄弟公司前首席执行官
>
> 理查德·福尔德（Richard Fuld）公开表示

更令人担忧的是，至少在开始的时候，人们并没有因为这场危机而动摇自己对有效市场等原则的信仰。事实上，危机只是强化了这样一个信念：市场之所以不可预测，是因为它太有效了。正如法玛在2016年说的那样："我不认为有什么站得住脚的证据表明存在泡沫。对我来说，泡沫是一种可预测结果的东西。但在金融市场上，没有人能预测到任何事情。"2009年，另一位诺贝尔经济学奖得主罗伯特·卢卡斯（Robert Lucas）同样指出，市场在本质上不可预测："（不可预测这件事）已经被说了超过

▲雷曼兄弟公司倒闭后，工人们正在清理员工的办公桌。

40年，这是尤金·法玛'有效市场假说'的主要观点之一……如果一个经济学家依靠一个公式可以提前一周准确预知将要发生危机，那么这个公式就会成为大众都能获得的信息中的一部分，那么股市价格就会提前一周下跌。"①

　　通常来讲，检验一个科学理论，要看它做出准确预测的能力。但有效市场假说出现后，似乎封印了这种能力，因为任何失败的预测都会被看作证明了这个理论的正确性。我们不应该把有效市场假说与市场的不可预测性混为一谈。如果这个理论只是说

---

① 译文引自罗伯特·卢卡斯在2009年8月发表在《经济聚集》（*Economics Focus*）上的一篇名为《为沉闷的科学辩护》。（*In defence of dismal science*）的文章。——编者注

市场是不可预测的，它就不会产生那么大的作用。相反，这个理论为市场的不可预测性提供了一个具体的理由，也就是市场可以准确地定价资产，而价格的扰动是由市场上的随机冲击造成的。

　　和许多经济理论一样，有效市场假说最终是一个解释，用来说明价格和固有价值之间的关系。它认为这两者是一回事（至少在理想市场中是这样的）。在实际经济中，价格和价值之间的关系是由货币系统调节的；但由于有效市场理论将价格和价值等同起来，也就没有了货币或者整个金融系统的生存空间了。布莱克-舒尔斯公式没有考虑金融系统的影响，除了假设投资者可以获得贷款，以便利用异常定价赚钱这一条。

　　人们在分析中忽略货币，最明显的表现就是，在他们的模型中没有考虑货币扩张后出现的泡沫会造成什么影响。正如欧洲中央银行（European Central Bank）的维托尔·康斯坦西奥（Vítor Constâncio）在2017年的一次演讲中对听众说的那样："在流行的宏观经济模型中，没有金融系统的一席之地，人们认为它对实体经济的影响是远期的……这种看法忽略了一个事实，那就是银行在它的资本比率限制范围内无中生有地扩大信贷，从而创造货币。"

　　最终，在这些模型中没有金融系统这一点也意味着那些金融衍生品，比如期权等，也被排除在模型之外了。据定量金融专家保罗·威尔莫特（Paul Wilmott）估计，这些金融衍生品的总负债额度，已经膨胀到了千万亿美元的级别，这在一定程度上也和各国央行和国际货币基金组织鼓吹金融衍生品有关，这已经不是一个小问题了。上面已经提到，通过这些衍生品，不仅会导致货币扩张，而且会给本已不稳定的体系再增加额外的金融层面的复杂性。

换句话说，经济学家未能预测甚至无法理解金融危机的主要原因，在于他们的模型中根本没有包括货币或者信贷。正如我们在上一章讨论到的那样，人们忽视货币，好像又回到了那个传统观念，认为货币是实体经济的面纱。而且这一点通过简化经济，将它数字化，在新古典主义经济学的模型中又得到了确认。

另外一个原因有些讽刺，那就是经济学家自己高度参与到了金融体系的游戏当中。在2009年的一篇文章中，经济学家巴里·艾肯格林（Barry Eichengreen）描述了"偶尔被高薪请去做些咨询工作"以及"被投资银行请到海边和滑雪胜地度假"，是如何导致学院派经济学家"在潜意识中产生一种倾向，更愿意接受某个'成功'同事的观点。而在这个领域中，通过演讲和咨询赚钱是公认的成功标准"。2012年，《剑桥经济学杂志》（*Cambridge Journal of Economics*）的 一项研究指出："这些联系或许有助于解释为什么很少有主流经济学家对即将到来的金融危机发出警告。"

从这个角度看，经济学家对货币的长期沉默似乎又一次证明了这种非凡物质的力量。但正如任何财务顾问都会建议的那样，能坐下来讨论钱的问题非常重要。自从全球金融危机以来，越来越多的人要求把货币放在经济学中更核心的位置。在下一章中，我们会看到一些人正在急切地推出替代性货币，然后我们会把注意力转向当前货币及其相关理论的演变和发展。

第三部分

未来的货币

第七章　替代性货币

正如我们在前面看到的那样，从货币诞生开始，人们就一直在争论"什么是货币"这个问题。他们的答案往往反映了那个时代的历史背景。2007—2008年的全球金融危机之后，人们对各种替代性货币越来越感兴趣。这些货币对"什么是货币"这个问题提出了不同的、有时还很新颖的回答。在这一章中，我们会考察当前一些货币体系的各种替代品。

自1694年英格兰银行成立以来，英国货币体系一直是政府和私营部门合作运营的。英格兰银行本身就是在私人财团借钱给英国国王重建皇家海军时成立的。如今，中央银行干的事情和英格兰银行当年干的事情是一样的：通过购买政府债券等资产创造货币。只不过现在不是借给政府黄金收取利息，而是购买有息债券了。

然而，有些事情确实改变了。首先，我们现在采用的是法定货币体系，而不是金本位制。这就让人迷惑，既然政府明明可以像当年美国人印林肯绿币一样自己印钱，为什么还要借钱？

另一个变化是，当英格兰银行成立时，制造货币的权力牢牢地掌握在国家手中，任何试图制造假币的人都面临死刑的威胁。但今天，绝大多数货币是电子的，是私人银行在发放贷款时创造出来的。它不是假币，但它的生产也不直接由国家控制。这些货币不是由黄金担保的，而是由商业或者房屋等资产作为担保的，但这些资产的流动性或者可靠度都不高。

正如全球金融危机揭示的那样，在政府和私营部门的关系上，也出现了某种权力的转换。1694年，英国国王需要钱，而且国王"太大而不能倒"，所以一个由私人债权人组成的财团成立了英格兰银行。当时此国王需要的资金是120万英镑，约占英国当时国内生产总值的1.7%，折合到现在，大约相当于2.3亿英镑。

三个世纪后，轮到这些银行"太大而不能倒"了。英国政府被迫出手，帮助金融行业摆脱困境。但2008年10月其宣布的纾困规模要大得多，达到约5000亿英镑，相当于其国内生产总值的17%。虽说没有用上所有的资金，但英国纳税人已经被迫掏了大约20亿英镑来维持苏格兰皇家银行（Royal Bank of Scotland）的运转。美国和欧洲也采取了类似的措施。截至这本书脱稿的时候，针对2020年新型冠状病毒疫情的纾困规模尚未确定。

据说，实业家J.保罗·盖蒂（J. Paul Getty）说过："如果你欠银行100美元，那是你的麻烦；如果你欠银行1亿美元，那是银行的麻烦。"但在这里，情况正好反过来了：如果银行欠你20亿美元，那就是你的麻烦。

而且说到底，如果货币是基于债务的，那么债务也要支付利息。就是说，哪怕只是为了支付利息，也要持续增加货币的供给。货币体系的这种特性，会造成更严重的经济衰退，而且也让我们陷

▲在2008年无法偿还债务之前，苏格兰皇家银行一度是全球最大的银行之一。

入一种必须永远增长的困境当中。正像环境学家指出的那样，我们生活在一个资源有限的星球上，所以这就成了一个问题。而且它同时意味着，富人手里的钱会越来越多，这会加剧不平等。

简而言之，我们的货币体系造成了金融系统的不稳定，导致了环境危机，加剧了不平等，这是我们当今面临的三大社会挑战。我们能做出一些改善吗？

国家货币

看上去，货币体系的一只脚仍踩在金本位时代，人们把它看作是有限的贵金属储备；而它的另一只脚却踩在现代，只要按一下按钮就能创造出电子化的货币。这引发了一系列问题。一方面，就像我们刚才提到的，国家在原则上可以印刷自己的货币。回忆一下林肯在1865年的讲话："政府应该创造、发行必要的货币和信贷，并让它们流通起来，以满足政府开支的需要和消费者的消费需要。"这样做，政府就不用向银行支付政府债券的利息了。

> "政府应该创造、发行必要的货币和信贷，并让它们流通起来。"
>
> ——亚伯拉罕·林肯

唯一说得通的反对理由是，这会打开潘多拉魔盒。政府很可能会在冲动之下印刷太多的货币。这些货币可能会被浪费在轻率的计划上，导致通货膨胀。然而，正如我们近年来看到的那样，私营部门自己"印起钱来"也不含糊。而且，这些钱中的大部分最终都会流入房地产、进入股市投机，它们往往是导致资产价格通货膨胀的非生产性资本。

政府甚至可以采用极端做法，完全禁止私营部门制造货币。货币完全由国家生产，而私人银行只能用他们真正拥有的资金发放贷款。制造货币的铸

▲弗雷德里克·索迪在科学和经济学方面都成绩卓著。

币税完全归国家所有，私营部门不得染指。这种做法称为"百分之百储备银行业务"或者"全储备银行业务"。多年来，不少经济学家出于各种原因一直在提倡这种做法。第一位提出这个建议的是弗雷德里克·索迪（Frederick Soddy）。他在1921年获得诺贝尔化学奖，之后将精力和技能转向了经济学。1927年，美国经济学家弗兰克·奈特（Frank Knight）在评论索迪的《财富、虚拟财富和负债》（*Wealth, Virtual Wealth and Debt*）一书时写道：

"从理论上讲，商业银行体系成倍地增加交易媒介，而社会为这一切向他们支付利息，这种情况既荒谬又可怕。这是因为：第一，公共机构做这件事的成本可以忽略不计；第二，这样做没有任何意义，因为它的结果仅仅是提高了价格水平；第三，最重要的恶果是造成整个经济体系骇人听闻的动荡。"

但采取全储备银行业务这种做法的一个缺点就是，货币体系会丧失一定的灵活性和适应性。然而事实上，这个想法从未在一个国家的范围内实践过。这一点可能就说明了金融行业的力量比任何提案本身的技术问题都更强大。

私人货币

另一种做法与之相反。国家不再踢开私营部门，不再为了不向他们支付利息而印刷自己的货币；相反，国家允许一些私人货币存在。先后任职于伦敦经济学院（London School of Economics）和芝加哥大学（University of Chicago）的奥地利经济学家弗里德里希·冯·哈耶克（Friedrich von Hayek，1899—1992年）在他的《货币的非国有化》（*The Denationalization of Money*）一书中提出，国家应该放弃"古老的垄断货币的特权"，他认为这是"一切金钱罪恶的最终来源"。在"官方货币体系出现问题"的时候，私人货币将是一种替代选择。

事实上，这些私人货币长期以来一直和国家货币一起流通。而且在经济困难的时候，这种货币尤其受欢迎。因为在这种时候，国家货币流动性枯竭，银行放贷也会十分谨慎。但私人货币通常会遭到中央银行的抵制。中央银行希望保持对货币的垄断。

在大萧条时期，很多国家都出现了把在小范围内使用的本地"代币"作为流通货币的情况。这些货币的一个关键特征是负利率，这意味拿到钱的人更愿意把它们花掉而不是存起来。这会增加流动性，同时帮助参与机构获得资金。它起到的效果相当于中世纪的重铸货币。

1929年，巴伐利亚（Bavaria）[①]的一家小煤矿面临停产，它的老板向工人们提供了一种"临时凭证"，可以兑换成煤。这种凭证叫"瓦拉（wara）"，每月收取1%的手续费来支付煤的仓储费用。这一方案非常成功，德国各地大约有2000家公司采用了这一做法。但德国中央银行不喜欢这个主意，并在1931年禁止了它。

▲在大萧条时期，有些地区使用了区域货币，或者叫"代币"。

---

① 巴伐利亚，位于德国南部的一个联邦州。——编者注

另一种类似的做法是1932年奥地利的一种货币——"沃格尔（wörgl）"。它的名字源自奥地利阿尔卑斯山中的一个小镇。这种货币每月必须贴一张票据，手续费是货币面值的1%。这个小镇的经济繁荣发展，吸引了包括欧文·费雪在内的经济学家的注意。170个社区的行政长官开始研究采用"沃格尔"的可能性。但到了1934年，这种货币突然被奥地利国家银行（Austrian National Bank）叫停，禁止继续使用。

欧文·费雪就这一主题写了一本书——《贴票的代币》（*Stamp Scrip*）。他针对美国提出了一种系统，建议每周在这些代币上贴一次票据，收取代币面值2%的手续费。他甚至提出这样的口号："在代币上贴票，走出大萧条。"和那两个国家一样，美国政府在1933年将代币定为非法货币。

或许是从这些例子中吸取了经验，1934年，瑞士WIR银行（前身叫"瑞士经济圈（Swiss Economic Circle）"）成立，它专门服务中小企业（SMEs）。中小企业经常面临现金流问题——即使他们的交货日期可能在几个月以后，也必须预先支付供应商的费用。而WIR系统在不引入新的纸币，也不采用负利率的情况下，使用一个由企业、供应商和客户组成的交互信用网络处理贷款，这样就消除了对金融中介的依赖。

WIR是"Wirtschaftsring"的第一个音节，这个词的意思是"经济圈"；同时在德语中，Wir是"我们"的意思，象征着这家银行的共同体意识。这个网络初建时只有16名成员，现在发展到

▲ "瓦拉"是大萧条时期在德国发行的一种非官方货币。

▲ "WIR"代币，这是大萧条时期在瑞士发行的一种非官方货币。

▲西尔维奥·格塞尔所说的"自由货币"，据说不会受通货膨胀或通货紧缩的影响。

超过5万家中小企业，相当于瑞士公司总数的六分之一。它不仅没有被国家禁止，而且在瑞士经济困难时期，它通过提供流动性帮助瑞士的经济稳定下来，受到人们的普遍好评。

区域货币

传统上，中央银行总是试图禁止任何可能构成威胁的替代性货币。然而，人们对这类货币的兴趣并没有随着大萧条而消失。目前在全世界，有数

▲卡尔加里元是一种成功的区域货币。

千种区域货币正在流通。加拿大的卡尔加里（Calgary），卡尔加里元（Calgary Dollar）自1996年以来一直运营得很成功，并且在2018年升级到一个数字应用程序上，允许用户将他们的钱存在手机或者其他设备上。在当地可以同等接受卡尔加里元以及加元，但它们之间不能直接兑换。

> "在把货币从政府手中夺走之前，我不相信我们会再次拥有好的货币。"
>
> ——弗里德里希·冯·哈耶克

在英国的西部港口城市布里斯托尔（Bristol），也有类似这样的货币，叫布里斯托尔镑（Bristol pound）。这种货币于2012年推出，由布里斯托尔市议会（Bristol City Council）和布里斯托尔信用合作社（Bristol Credit Union）提供担保。当地的很多商户都接受这种货币，它也可以用来支付市政税。

这些货币的目的是鼓励本地消费，增加社会资本，并且提高经济的韧性。它们的创立者也经常提到，他们希望利用这种区域货币减轻资本主义的影响，帮助建立本地供应链，减少消费对环境的破坏。卡尔加里元是由阿鲁沙中心（Arusha Centre）运营的，它的网站上这样写着："鼓励和支持社区的联系、汇聚，并且创造一个社会、经济和环境的公平未来。"卡尔加里元规模很小，影响力也相当小——这也是它们没有被禁的一个原因。

　　另一种不同的替代性货币是由企业提供的。其目的不是让你把钱花在本地，而是让你把钱花在这些企业身上。最古老也是最著名的例子是航空公司的客户忠诚计划，比如1988年在英国推出的里程奖励计划（Air Miles）。这个计划后来改名为"Avios"，但在加拿大仍然叫"Air Miles"。据估计，加拿大有三分之二的人口使用这个计划。消费者可以把他们的积分花在各种各样的事情上，但最优惠的通常是旅游——因此里程奖励计划在某种意义上和区域货币的作用正好相反。

　　现在，从咖啡店到杂货店再到加油站，很多零售商店都在实施类似的计划。这些计划的一个目的是提高客户的忠诚度，但从企业的角度看，它的另一个好处就是为它们提供有关消费者行为的海量数据。随着货币摆脱实体形态的束缚，变得数字化，这已

▲5布里斯托尔镑，只能在布里斯托尔市当地的独立商户中使用。

经成为作家舒夏娜·祖博夫（Shoshana Zuboff）所谓的"监视资本主义"中越来越重要的一部分了。在一次交易中，重要的不仅仅是实际的交换，还有其中的信息。

加密货币

中央银行容忍区域货币或者企业货币的一个原因就是，这些货币在设计上通常不会形成很大规模。但像比特币这样的加密货币就是另外一回事了。

2009年1月3日，一位名叫中本聪（Satoshi Nakamoto）的人生产或者说"挖掘"了第一批43000个比特币。为了给它们打上时间戳，他（中本聪在网上的个人介绍中，称自己是男性）附上了当天伦敦《泰晤士报》（*Times*）的大字标题，上面写着："财政大臣面临对银行业的第二轮救助。"

也许这个标题还不足以说明问题，于是中本聪在一个月后发表的一篇文章中解释了他为什么要开发比特币。"传统货币体

▲里程积累计划是另一种成功的替代性货币。但是在新冠病毒肆虐全球之后，它的前景不明。

系的根本问题在于它运转所需要的信任。我们必须信任中央银行不会让货币贬值，但在法定货币的历史上，充满了违信背约的事情；我们必须信任银行会保管我们的钱财，能够进行电子转账，但它们却贷出资金，制造了一波波信贷泡沫，只留下很少的储备；我们还必须信任银行会保护我们的隐私，不让盗取身份信息的窃贼掏空我们的账户……有了基于加密验证的电子货币后，你无须信任第三方中介，就可以保证货币的安全以及交易的顺畅。"

过去也有人提出过类似的想法。比特币的许多设计元素都源自20世纪90年代的无政府主义以及采用密码技术的"密码朋克"运动。这场运动也催生了朱利安·阿桑奇（Julian Assange）的维基解密（Wikileaks）。在1999年的一次采访中，美国经济学家米尔顿·弗里德曼表现出先见之明，他说："我认为互联网将成为削弱政府作用的主要力量之一。有一样东西现在还没有，但很快就会并发出来，那就是可靠的电子现金。利用这种技术，可以在互联网上把资金从A转给B。A不用认识B，B也不用认识A。就好像我拿了一张20美元的钞票交给你，但没有记录说明它来自哪里。"

> "比特币是某种伟大事物的开端：一种没有政府背书的货币，一种必要的、势在必行的东西。"
> ——纳西姆·塔雷伯（Nassim Taleb）

数字交易面临的挑战很多，其中就包括如何避免双重支付。音

▲比特币"矿池"。比特币是数字化挖掘的，通常使用强大的计算机阵列。

乐产业在20世纪90年代遭受重创的一个原因就是，文件共享服务使人们可以将歌曲的数字拷贝发给别人，同时自己也保留一份拷贝。如果这样的事情发生在货币上，在一段时间内可能让人高兴得不得了，但很快就会造成混乱，因为你的工资你想花多少次都可以。

比特币的主要创新在于，它把交易记录在一个安全的、匿名的公共账本上，也就是区块链上。这个区块链是由计算机网络维护的，前面提到的那些诡计无法得逞。与音乐的数字拷贝不同，你不能与朋友分享比特币的副本，或者多次使用它们。同时，因为没有了中间人，所以交易变得更便宜，也更安全。

维护网络和验证交易的任务是由比特币挖掘者完成的，他们的报酬就是新创造出来的比特币。这项工作被人为地增加了难度，它要求比特币挖掘者们进行所谓的"工作量证明"，相当于把一枚硬币抛掷数百万次（当然是电子的），直到连续出现一定数量的正面为止。做这件事需要的计算能力为区块链设定了价格，而且让造假欺骗系统的行为在经济上很不划算。

比特币的价值

替代性货币的一个共同问题就是，人们往往不清楚它们的价值来自何处。在金本位制下，无论是铸币本身，还是代表铸币的纸币，它们的价值都来自贵金属。在法定货币制度下，中央银行通过向政府提供贷款创造货币，因此这些货币是由未来的税收作担保的；而私人银行则通过贷款（以实物资产为抵押）创造货币。在这两种情况下，货币都代表债务，并由此获得价值——而替代性货币通常不会以这样的方式代表债务。那么，像比特币这样的货币，它的价值又从何而来呢？

回到2009年，当中本聪挖出第一批比特币的时候，它们的价值当然是一文不值。他把这些比特币免费发放给他在网上遇到的感兴趣的团体，并附上一份说明，解释如何挖到更多的比特币。这样，一个用户社群就建立起来了。到了那一年10月，有人建立了一个网站，声明比特币的价值等于开采一枚比特币所需的电费，当时价值大概是0.08美分。

一旦有了价格，人们就开始交易比特币，好像在玩一个游戏。到了2010年5月，美国佛罗里达州的一名工程师决定试试能

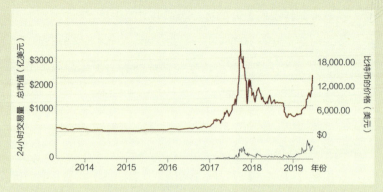

▲比特币的价格（上方的曲线，右轴为单位）和衡量交易活动的交易量（下方的曲线，左轴为单位）。

否用它们买到真正的东西。他在比特币论坛上发布了一个请求，要用1万比特币买两张比萨。英国有个人接受了他的比特币，并用信用卡从佛罗里达州东北部杰克逊维尔（Jacksonville）的一家餐厅订购了两张比萨。

每多添加一个用户，代码运行的时间就会稍微长一些，所以价格就会上升；然后再上升。根据一个名为梅特卡夫定律（Metcalfe's Law）的经验公式，网络的价值大致与用户数量的平方成正比。这一点对比特币似乎非常适用。比特币的价格波动很大，在我写下这些文字的时候，它的价值大约为6000美元（4800英镑），这意味着那两张比萨的价格约为5000万美元。中本聪最初以4.3万个比特币的"创始区块"确实值一大笔钱。

当然，对很多人来说，这种财富是虚幻的，因为比特币不满足货币通常的限定条件。它的价值波动太大，无法成为一种令人满意的保存财富的手段，当然也不可能成为可靠的记账单位，而且它还没有被很多零售商店接受。因此，作为一种交易媒介，它似乎没有什么作用，也不符合人们对于货币的标准观念或者理论。它和贵金属没有联系，所以金银通货主义者不喜欢它。而且，你也不能用它纳税，所以它与政府的信用体系也不一致。

现任和前任美国央行行长，比如像艾伦·格林斯潘这样的人，经常将这种现象描述为"泡沫"。讽刺的是，在他们监管下的房地产或者股票市场的爆炸性增长，他们却很少用这个词来形容。事实上，认为比特币行将灭亡的预言已经出现过很多次了。正像中国人民银行副行长潘功胜在2017年曾说过那样："因此只有一件事能做了，坐在河边看，总有一天，比特币的尸体会从你面前飘过。"[1]

尽管比特币起起伏伏，但它确实有一个优势。和大多数替代性货币不同，比特币扩展到了全球范围，各国的中央银行很难完全禁止它。而且，仅仅因为比特币不符合现有的货币观念，并不意味着它不是货币——它可能只是意味着我们的理论需要更新。支撑比特币的不是金属或者税收，而是它来之不易、辛勤工作、庞大的用户网络。我们在最后一章中会再次谈到这个话题。

新货币

自比特币问世以来，又出现了数千种其他的加密货币。其

---

[1] 此句话援引自埃里克·皮谢（Éric Pichet）。埃里克·皮谢，法国经济学家，法国KEDGE商学院教授。——译者注

中有一些，比如以太坊（Ethereum，其市值约为比特币的十分之一）是真正的竞争对手，而另一些则是所谓的"加密货币骗局"，利用投机者的兴趣赚钱。以太坊的以太币价格在2017年见顶①，当时比特币的价格飙升至近2万美元。

2019年，一个新的竞争对手出现了，它就是脸书的加密货币"Libra"。在撰写本书的时候，这种货币还处于提议阶段，但计划在2020年上线。和比特币一样，它的所有交易都会被记录在一个区块链上。但和比特币不同，它的监控不是由比特币矿工完成的，而是由一个非营利协会中的机构成员完成的。另一个不同之处是，它会锚定一篮子主要货币②，这应该会大大降低Libra币值的波动性。

▲像脸书公司"Libra"这样的数字货币，即便没有上千种，至少也有几百种。

① 以太币的价格从2021年1月后开始飙升，很快超过它在2017年的高点。——译者注
② 在各方压力下，Libra已经放弃一篮子货币组合，转而成为和美元一对一挂钩的稳定币，项目名称也在2020年底更名为Diem。——译者注

　　然而，比特币和Libra币之间最大的区别是，比特币在设计上就是独立的、伪匿名的、去中心化的货币，不受任何国家央行的控制，而Libra币所有的数据都属于一个企业联合体。这可能会让一些人感到不舒服，他们不愿意让脸书公司知道自己最近的交易记录，以及好友的完整名单。

　　监管部门也对Libra币很敏感。法国财政部长布鲁诺·勒梅尔（Bruno Le Maire）说"绝不可能考虑"，美国众议院金融服务委员会（House Financial Services Committee）主席玛克辛·沃特斯（Maxine Waters）第一时间要求脸书公司推迟该计划，直到国家建立一个合适的监管框架为止。

　　英格兰银行的马克·卡尼（Mark Carney）对它比较同情。他认为，采用他所谓的"合成霸权货币"将比使用某一国家的货币作为储备货币（无论是使用美元还是人民币）更靠谱。他还认为，这种货币最好由公共部门管理，并且包含央行的数字货币。正像他在怀俄明州杰克逊霍尔（Jackson Hole）央行年会①上对听众说的那样："只要对货币的历史稍有了解，就会发现（美元）这个中心不会维持下去。我们不应该再继续忽视国际货币和金融体系了，这么做是有害的。我们应该建立一个与正在出现的多样化、多极化的全球经济相适应的体系。"

　　人们在社会生活中越来越少使用现金，许多国家的央行已经

---

① 指的是杰克逊霍尔央行年会。——译者注

开始试验各自的数字货币。在瑞典，大多数付款已经使用移动应用程序进行数字支付了，瑞典央行（Swedish Riksbank）正在开发一种数字货币"e-krona"。在中国，支付宝、微信等移动应用程序广受欢迎，中国人民银行一直在推进数字人民币的发展，特别是在新冠肺炎疫情暴发后更是如此（数字货币不会传播病毒）。这种情况下，用户可以和政府而不是公司分享交易数据——这对于减少洗钱这类犯罪很有帮助，但对隐私同样不利。

我们从替代性货币中学到的主要经验是，只要它们不对央行构成威胁，人们就会容忍它们的存在。比特币最显著的特点是依靠它巧妙的设计，只要没被禁止使用，就能生存下去。在最后一章中，我们会探讨为什么任何形式的货币对人类都有不可思议的支配作用，以及现代科学关于货币的属性到底说了些什么。

▲人们预计，数字支付将使纸币或者金属货币变得多余。

Bitcoin Genesis Block

Raw Hex Version

```
00000000  01 00 00 00 00 00 00 00  00 00 00 00 00 00 00 00  ................
00000010  00 00 00 00 00 00 00 00  00 00 00 00 00 00 00 00  ................
00000020  00 00 00 00 3B A3 ED FD  7A 7B 12 B2 7A C7 2C 3E  ....;£íýz{.²zÇ,>
00000030  67 76 8F 61 7F C8 1B C3  88 8A 51 32 3A 9F B8 AA  gv.a.È.Ã.ŠQ2:Ÿ.ª
00000040  4B 1E 5E 4A 29 AB 5F 49  FF FF 00 1D 1D AC 2B 7C  K.^J)«_Iÿÿ...¬+|
00000050  01 01 00 00 00 01 00 00  00 00 00 00 00 00 00 00  ................
00000060  00 00 00 00 00 00 00 00  00 00 00 00 00 00 00 00  ................
00000070  00 00 00 00 00 00 FF FF  FF FF 4D 04 FF FF 00 1D  ......ÿÿÿÿM.ÿÿ..
00000080  01 04 45 54 68 65 20 54  69 6D 65 73 20 30 33 2F  ..EThe Times 03/
00000090  4A 61 6E 2F 32 30 30 39  20 43 68 61 6E 63 65 6C  Jan/2009 Chancel
000000A0  6C 6F 72 20 6F 6E 20 62  72 69 6E 6B 20 6F 66 20  lor on brink of
000000B0  73 65 63 6F 6E 64 20 62  61 69 6C 6F 75 74 20 66  second bailout f
000000C0  6F 72 20 62 61 6E 6B 73  FF FF FF FF 01 00 F2 05  or banksÿÿÿÿ..ò.
000000D0  2A 01 00 00 00 43 41 04  67 8A FD B0 FE 55 48 27  *....CA.gŠý°þUH'
000000E0  19 67 F1 A6 71 30 B7 10  5C D6 A8 28 E0 39 09 A6  .gñ¦q0·.\Ö¨(à9.¦
000000F0  79 62 E0 EA 1F 61 DE B6  49 F6 BC 3F 4C EF 38 C4  ybàê.aÞ¶Iö¼?Lï8Ä
00000100  F3 55 04 E5 1E C1 12 DE  5C 38 4D F7 BA 0B 8D 57  óU.å.Á.Þ\8M÷º..W
00000110  8A 4C 70 2B 6B F1 1D 5F  AC 00 00 00 00           ŠLp+kñ._¬....
```

▲比特币的创始区块，区块链里的第一个区块。

第八章　思想与货币

货币在漫长的历史中，从琥珀金的铸币到电子化的数字币，出现过多种形式。尽管货币的外在形式发生了这些变化，但它始终神秘莫测，保持着无穷无尽的魅力，仿佛在它的本质中，有某种内在的东西能够捕获并且进入人类的思想。

　　与此同时，我们的经济理论似乎对货币的力量感到不安，坚持认为货币只不过是一种枯燥乏味的、毫无生气的交易媒介，不愿意对货币本身表现出什么特别的兴趣。近些年来，随着经济学家在他们的模型中加入了更多的人类情感，这种情况终于开始改变，并且让我们有机会看到究竟是什么特质让货币具有如此的力量。

行为经济学

　　行为经济学可以追溯到两位以色列心理学家丹尼尔·卡尼曼（Daniel Kahneman）和阿莫斯·特沃斯基（Amos Tversky）的早期研究。他们把大学生当作"小白鼠"，进行了一系列实验。其结果表明，当涉及经济决策时，我们的行为通常不符合"理性经济人"的理想假设。相反，我们表现出大量的认知偏见，这些

▲行为经济学家丹尼尔·卡尼曼认为，我们对损失的恐惧超过了对收益的重视。

偏见往往会扭曲我们的思维。

　　行为经济学的许多关键观点可以用一张图表总结出来，这张图表展现的就是所谓的价值函数，横轴表示损失或者收益，也就是货币的数量，纵轴表示感知价值。在新古典主义经济学中，价值只是预期的效用。而在卡尼曼和特沃斯基这里，则有许多不同。

　　在他们的价值函数中，一个特征就是，随着财务收益增加，价值的增长往往越来越慢。这一点与"报酬递减法则"相符，就

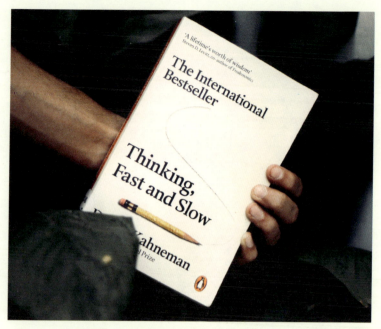

▲诺贝尔奖获得者丹尼尔·卡尼曼的国际畅销书《思考，快与慢》（*Thinking, Fast and Slow*）。

是说，对于百万富翁而言，每增加100英镑的净收入所带来的快乐，比穷人增加同样收入带来的快乐少。

价值函数还有另一个特征：它在原点附近是不对称的。其具体而言就是，亏损时的曲线斜率比盈利时的曲线斜率更大。这反映了一个经验事实，即人们有"损失规避偏好"，他们对损失的敏感程度大约是收益的两倍。如果他们的投资在一年内增长了10%，他们可能会感到稍许高兴；但如果他们的投资在一年内损失了10%，他们可能会惊慌地给经纪人打电话。

最后一点，损失和收益是相对于一个中心参考点来衡量的。这就是有意思的地方了。因为事实证明，这个参考点高度依赖当时的情景，以及你使用的是什么"心理账户"。

举个例子，假设你去电影院，当你把手伸进口袋里拿现金买票的时候，发现兜里的10英镑不见了，一定是之前拿钥匙的时候掉出来了。你还会继续买票吗？在卡尼曼和特沃斯基的一项调查中，88%的人表示会继续买票。

现在，再假设你已经买了一张电影票，但当你再把手伸进口袋里的时候，发现票不见了。在这种情况下，你还会再买一张电影票吗？在原始的调查中，只有44%的人愿意再买一张票。根据卡尼曼和特沃斯基的说法，出现这种情况的原因在于，我们是在不同的心理账户中做累计，而它们的参考点不同。10英镑现金属于杂费账户，它的预算比较充足，所以相对来讲，10英镑数额较小。然而，电影票属于一个更具体的看电影的账户。买第二张票在心理上相当于花两倍的价钱去看一场电影，这让人很难接受——即使从数字上来说，这和钱没有放好，丢了10英镑的情况一样。

这种"心理账户"也可以解释为什么我们在使用诸如朋友送的礼品卡进行消费时，没什么心理负担。我们把它当作一笔意外之财来享受，而不是像面对水电账单这样无聊事情时总觉得花费太多。在传统理论中，货币是一种中性的交易媒介，但在实践中，情景很重要。

▲卡尼曼和特沃斯基认为，消费者的行为通常不符合"理性经济人"假设。

▲卡尼曼和特沃斯基用买电影票时丢了钱来解释行为经济学。

▲ "心理账户"通常会对你个人的财务底线产生意料之外的影响。

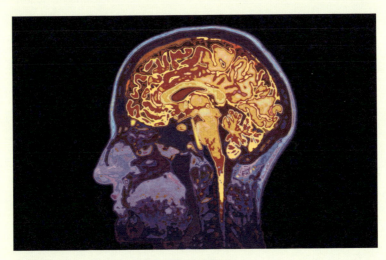

▲科学表明，对于大脑来讲，货币是一种强力的兴奋剂。

神经经济学

把货币当成中性交易媒介的看法也掩盖了它对人类大脑的影响。新出现的神经经济学将神经科学和经济学结合起来，研究人们如何做出金融决策，这丰富了行为经济学的发现。

美国斯坦福大学的神经科学家布莱恩·克努森（Brian Knutson）进行了一系列实验。在实验中，他交给受试者一定数量的现金，同时用仪器对他们的大脑进行扫描。他发现，当人们不费力气、轻松拿到钱时，会在大脑中一个叫伏隔核的小区域内产生大量的神经递质多巴胺。目前已知，这种现象在药物成瘾的神经回路中起着核心作用。

按照克努森的说法，货币产生的刺激如此强大，几乎压倒了其他的一切。"没有什么能像货币一样对人产生影响——裸体不能，尸体也不能。货币让人神魂颠倒。正所谓鸟为食亡，人为财死。"在传统理论中，货币是一种中性的交易媒介，所以得到货币本身不应该让人如此兴奋，尤其是它的数量与一个人已经拥有的数量相比很小的时候更该如此。但在这个大脑扫描的研究中，清晰地说明了一个事实，也就是我们在预期获得或者失去货币时，马上就能感到快乐或者痛苦。

在2005年发表的另一项实验中，美国加州理工学院（California Institute of Technology）的神经科学家让受试者在两副扑克牌中做选择。他们告知受试者，其中一副扑克牌中有10张红牌和10张蓝牌，而另一副扑克牌中的红牌蓝牌数量未知。受试者从一副牌中抽出一张牌，如果他们能猜中这张牌的颜色，将获得10美元的奖励。

无论在哪种情况下，猜中的可能性都是50%。在第二副牌中，受试者不知道红牌蓝牌的比例，但这不重要，因为它们不是红色就是蓝色。所以在理论上，人们应该同等对待这两副牌。然而，结果显示，人们明显更愿意选择已知红蓝比例的那副牌。其原因似乎是，人们在面对不确定的情况时，使用的是大脑的另外一部分区域。而那些因为中风导致大脑这部分区域受损的患者则没有这样的偏见。这种情况叫"模糊规避"。人们用它来解释为什么投资者往往有一种"母国偏好"——他们更喜欢投资那些他们自认为知道概率的股票，而不愿在不了解的事情上下注。

随着大脑扫描仪的分辨率不断提高，研究人员可以梳理出更多的细节。2018年发表的一篇论文比较了大脑在得到货币和看到有趣事情时的反应。后一项测试是让受试者看漫画。这些漫画是由一组研究幽默的专家从网上挑选出来的，确保它们好笑。这篇论文的关键之处在于，它指出大脑对于得到货币和看到笑话的反应相似，它们都包括期待和奖励两个阶段，但是对得到钱的期待在大脑的伏隔核中会产生更大的反应。这也许可以解释我们为什么会对赚钱上瘾而不会对看漫画上瘾。

货币的心理学

当然，心理学家早就知道，金钱对人的心理（包括他们自

己的）有着巨大的影响。奥地利心理学家西格蒙德·弗洛伊德
（Sigmund Freud）在一封写给同事的信中说："我的情绪也非常
依赖我的收入。金钱对我而言，就是我的笑气。"弗洛伊德把金
钱与人格发展的肛门期①联系在一起。在一本著作中，他写道：
"无论是在古代文明中，在神话中，在童话故事中，在迷信中，
在潜意识中，在梦境中，在神经症中……金钱都与肮脏二字有着
最亲密的关系。"

　　同时，荣格心理学家詹姆斯·希尔曼（James Hillman）认为，
金钱相当于一种隐藏的精神能量。"要想找到现代人的灵魂，首
先要探究那些对于金钱无法回避的、令人尴尬的情结。它像一
只疯狂的螃蟹，在寂静的海底爬行。"精神病学家大卫·克鲁格
（David Krueger）说："金钱可能是当代生活中最有情感意义的东
西了。只有食物和性可以和它一争高下。它们是共同的载体，承
担着强烈的、多样的情感、意义和冲突。"毫不奇怪，金钱还与
一系列心理疾病有关，从强迫症似的讨价还价到强迫症似的赌
博。而且在婚姻和家庭的冲突中，金钱也是常见的诱因。

> **"我的情绪也非常依赖我的收入。金钱对我而
> 言，就是我的笑气。"**
> **——西格蒙德·弗洛伊德**

---

① 弗洛伊德所划分的人格发展的第二阶段，约发生在一岁～两三岁。他认为此阶段儿童关
　心与肛门有关的活动，大便是他们最大的一种乐趣。——译者注

行为经济学表明，我们的行为在许多方面背离了理性经济人的假设。但从另一方面看，金钱和财富确实使我们的行为更自私，更不利他，从而更接近理性经济人的假设。美国心理学家保罗·皮夫（Paul Piff）把这种现象称为"混蛋效应"。甚至连提到"钱"这个字，也会诱使人们做出不太道德的行为。正如我们在上一章讨论的那样，一些替代性货币可以减轻这种影响，尤其是那些鼓励本地交易的替代性货币效果更好。

所以，货币不仅仅是一种中性的交易媒介。这一事实表明，我们对一件事物的形态和呈现方式很敏感。就像得到货币会让你高兴一样，支付货币也会带来痛苦。与其他类型的痛苦一样，这种"支付时的痛苦"也有用处。它是一种内部预警，没有它，我们可能会挥霍无度。而当交易顺滑、流畅、见不到货币，比如我们在商店里刷信用卡的时候，它造成的痛苦就会比一枚一枚地数我们辛苦挣来的硬币时要低。

▲研究表明，对即将付款的预期会让大脑产生一种上瘾的效应。

▲面对明显相似的产品，我们如何做出选择？

　　在2001年的一项研究中，麻省理工学院的研究人员为学生举办了一场拍卖，用来购买职业体育赛事（一场篮球比赛和一场棒球比赛）的门票。研究人员告诉一些学生必须用现金付款，而他们可以"随时使用当地的提款机"；研究人员告诉另一些学生可以用信用卡支付，但他们要说明要用什么类型的信用卡。结果显示，使用信用卡的学生愿意支付的费用是使用现金的学生的两倍。

　　许多其他研究也得出了类似的结论，其中包括成像实验。我们看到当决定购买的时候，大脑中和痛苦相关的回路是如何被激活的——也就是当我们思考未来一些不愉快的事情时产生的不愉快的感觉。这种效应在使用信用卡的时候比使用现金的时候低得多。亚马逊公司已经在一些亚马逊无人超市（Amazon Go）中进行了试验。在这些超市中，顾客甚至都不用刷卡。他们只需要在进门时扫描一下手机，确认自己的亚马逊账户，然后拿起他们想要的东西离开就可以了。摄像头会跟踪他们在商店里的一举一动，记录他们拿走的东西，并将账单记入他们的账户。

货币越来越虚拟化和抽象化，支付也越来越无痛苦、无摩擦，这（再加上低利率）可能是许多国家消费者的债务水平达到空前高度的一个原因。

货币与量子

行为经济学和神经科学可以帮助我们了解金融领域中的很多事情。例如，损失规避偏好就可以解释为什么投资者愿意持有业绩不佳的股票——也许把它们卖了更好，但那就意味着要承认损失。另外，有一个简单的方法可以提高你的储蓄率，那就是每个月自动扣除一定的数额——如果你在当前账户中没看到这笔钱，那么你就不会经历"损失"金钱到储蓄账户时的那种痛苦。

▲约翰·梅纳德·凯恩斯描述了货币本质中的不确定性。

▲爱因斯坦帮助开启了一场物理学革命。许多人认为，在经济学领域也早该如此了。

> "一个不接受损失的人，很可能会不由自主地
> 陷入一场他输不起的赌博当中。"
>
> ——丹尼尔·卡尼曼

与此同时，批评人士指出，这些理论在很大程度上都可以归结为常识——你不用扫描大脑就能知道用现金付款是一种痛苦的经历。而涉及一些重大问题，比如经济学家如何建立宏观经济模型时，行为经济学更像是对新古典主义经济学的小修小补。到目前为止，它对主流经济学还没有什么影响。而原因很简单，我们在前面已经看到了，在主流经济学模型中，从一开始就没有把货币放在恰当的位置上。

货币可以造成情感上的波动，这意味着它很难融入那些假定了"理性经济人"的传统理论当中。同时，它也有许多特性是传统模型处理不了的。传统模型基于这样一种假设：变化都是平稳和连续的。但是，货币的创造或者转移是一瞬间完成的。当你在商店里刷卡时，钱并不是像水一样流走，而是一下子就不见了。而银行通过发放贷款来创造新货币时也是如此。

同时，货币和债务牵涉了债务人和债权人，也造成了金融纠纷。但在传统经济学中，个人和企业都是整体中的一部分，所以如果一个人借钱给另一个人，那么就相当于什么都没干。正如经济学家保罗·克鲁格曼（Paul Krugman）在2019年用大写字母强调的那样："债务是我们自己欠自己的钱。"但这话就好像在说，

盗窃就是从自己身上偷钱一样。这也就解释了为什么代表全球金融体系中超级复杂的金融衍生品得到如此巨大的发展：人们认为债务是无关紧要的。每当出现危机，有人决定欠债不还的时候，全球金融体系就会受到严峻的考验。

"债务是我们自己欠自己的钱。"

——保罗·克鲁格曼

我们在前面已经看到，货币从根本上来说是二元的。它结合了货币实体的物理属性，以及货币数字的虚拟属性，这就是为什么它可以采用铸币这种实体形式或者以数字形式进行转账。它的二元属性，使你既可以实实在在地拥有它，又可以计算它的多少，让它成为一种让人魂牵梦绕的东西。而且，从根本上讲，商

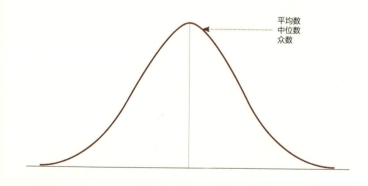

平均数
中位数
众数

▲钟形曲线表示正态分布。曲线顶部是全部数据的平均数、众数和中位数。

品的价格在真正交易之前是不确定的。

　　总结下来就是：货币是不连续的、一块一块地创造出来并传播出去的；它在使用者之间造成矛盾；它是二元的；而且，商品的货币价格也是不确定的。正如约翰·梅纳德·凯恩斯在1926年写的那样："我们每时每刻都面临着有机统一性、离散性和不连续性的问题——整体不等于部分之和，数量无法比较，小的变化产生大的影响，不满足一致的、均匀的连续统一体的假设。"

　　凯恩斯的说法在一定程度上是对当代物理学发展的回应——他见过爱因斯坦，他的《就业、利息和货币通论》(*General Theory of Employment, Interest and Money*)的书名就是受爱因斯坦的《广义相对论》(*General Theory of Relativity*)的启发。越来越多的研究人员得出结论，货币系统与非机械论的物理学之间的共同之处可能比我们以前认为的多。特别是在行为经济学和金融交易的研究中，量子力学中的数学方法（量子一词来自拉丁语中的"多少"）可以有效地为其中的心理过程建模。

　　例如，如果你决定卖房子，那么你可以提出一个价格，但真正的价格只有在成交的时候才知道。也就是说，购买行为是衡量价格的过程。在量子经济学中，房价是用概率波函数建模的，它只是指定了房屋以一系列价格出售的可能性。然后，当实际衡量时，波函数"坍缩"为一个具体的价格。这和量子物理学是一样的。在量子物理中，一个粒子的位置由波函数确定，而波函数只有在实验观测时才会坍缩。

▲房价是用概率波函数建模的，它只是指定了房屋以一系列价格出售的可能性。

同样的，心理状态也可以用波函数来建模。当做出选择时，波函数就坍缩到一个特定的状态。计算机科学家斯科特·亚伦森（Scott Aaronson）指出的，量子数学可以解释"信息、概率和可观测到的事物，以及它们之间的关系"。它既适用于亚原子间的相互作用，也适用于金融领域里的相互作用。

持续增长的灵药

使用量子力学中的数学工具为货币建模并不意味着货币在某种程度上就像亚原子粒子一样，这就如同几个世纪以来用牛顿式的方程模拟经济也并不意味着货币就像行星一样。它只是帮助揭示了货币的一些令人困惑的属性。

正如我们在这本《货币之语》中看到的那样，推动货币运行的可能是古代苏美尔寺庙中的祭司，他们强行推广了这种支付系统；可能是古希腊和古罗马的军队，他们强迫奴隶开采黄金；可能是中世纪欧洲的国王们，他们把债务强加在自己的臣民头上；可能是20世纪的美国，它以强大的军事实力支撑美元成为全球储备货币；也可能是……。不管这些工作是由谁完成的，货币的出现并非偶然；它更像一种设计出来的，需要大量的工作和协调才能完成的社会技术。

尽管我们设计了货币，但我们对它实际的运作方式却似乎一无所知。经济学家们花了很多年的时间建立数学模型，将货币排除在分析之外，但直到最近才小心翼翼地试图通过行为经济学等领域将它重新纳入视野。

传统上，人们把货币看作经济增长的灵丹妙药——而当经济增长不受限制时，我们或许可以选择对货币的行为睁一只眼闭一只眼。然而，我们目前正处于一个转折点，经济增长开始越来越多地受到环境限制，也越来越多地与人们对社会公平、稳定的愿望产生冲突。

自从人类发明货币以来，货币经历了漫长而曲折的发展，一直处于人类经验的核心。这一非凡物质在未来的发展同样引人瞩目。

货币的演化

以物易物　　黄金　　金属铸币　　纸币　　信用卡　　电子货币　　加密货币

▲货币与经济交易的联系是动态的，而经济交易本身就是经济增长的源泉。

新冠肺炎疫情

2020年初的新冠肺炎疫情以历史上前所未有的方式影响了各个经济体。为了减缓新冠病毒的传播，不同的政府实施了不同严厉程度的"加大社交距离"的措施，导致经济活动大幅放缓。在6周至8周严格的居家隔离之后，美国失业率飙升至大萧条以来的最高水平。根据英格兰银行的数据，英国经济正面临自1706年以来最大的年度衰退。而据联合国估计，全球多达一半人口的生计受到威胁。

有的政府的措施造成了通货紧缩。为了应付其通缩的损害而采用的货币和财政工具几乎同样令人吃惊。在撰写本书的时候，很难估计它的规模。英国承诺至少发放3300亿英镑用于紧急商业贷款和薪资保障；美国国会拨款约3.3万亿美元用于类似的措施；据估计，到2020年5月，全球的纾困资金可能会超过10万亿美元。

同样，在撰写本书时，这些措施或者其他任何措施是否足以防止出现第二次大萧条还远未可知。如果说20世纪30年代的大萧条是政府没有加大货币供应造成的恶果，那么当前的危机特征是需求崩溃，这可能超出了所有财政和货币工具的救助范围。尽管政府动一动手指就可以创造货币，提高资产价格，但能否重振经济则是另一回事。新印出来的钱并不会花在那些因政府命令而关闭的企业上，也不会花在那些因公众恐惧而无法兴旺的行业上。

虽然在2020年年初就开始谈从新冠肺炎疫情中我们能汲取什么样的教训还为时过早，但这场危机无疑暴露了金融体系的韧性不足。在个人财务、投资策略和健康政策方面没有应急储备，就像住在没有上保险的房子里——开始便宜，然后就非常贵了。我们的经济系统是效率优先，但从自然系统中我们学到的一个基本原则就是，从长远看，重要的不是效率，而是强健（这就是我们的身体要有两个肾脏的原因）。

这场危机还进一步暴露了严重的社会不平等和金融不平等——病毒可能不知道你的社会地位，但不同的人面临的风险并不一样。与在拥挤的公共汽车或者装配线上相比，住在与世隔绝的乡村庄园或者富豪们奢华的地下掩体中，保持社交距离要更容易些。

经济停顿也让我们看到了另外一些东西。我们不会很快忘记街道上空无一人的情景。天空中没有了飞机尾迹，我们呼吸着干净的空气，感觉地球在"人类世"的生态冲击下，享受着片刻的安宁。

而说到这本书的主题，疫情造成的危机只是强调了货币的重

▲新冠肺炎疫情开始时，纽约证券交易所面临着巨大的不确定性。

▲伦敦的皮卡迪利广场，居家隔离期间空无一人。

要性和两面性。就像鱼在搁浅前（可能）不会注意到水一样，当人们突然停止支付账单，货币在我们的集体意识中才凸显了出来。同时，这场危机强化了这样一个观念：货币——以及作为整体的金融体系——是一个虚拟的造物，深受政治和金融的影响，它与实体经济的联系是复杂的，有时甚至和直觉相反。例如，尽管就业和国内生产总值等指标都出现了暴跌，但2020年4月30日的《纽约时报》(*The New York Times*)的头版头条却是："美国股市迎来了自1987年以来最好的一个月。"

这场危机也证明，如果货币是一种衡量标准，那么它更适合衡量权力，而不是对社会的用处。它揭示了像护士这样维持社会运转"必不可少的工作者"，和获得最大收益的某些富人或者高薪人士之间，并没有什么重叠的部分。有一件事似乎是肯定的，那就是这场疫情会在未来的历史中占据一席之地，成为一系列社会和金融事件中的一件，并塑造、影响或者改变我们对待货币的方式。

▲2020年4月，美国科罗拉多州的丹佛市。示威者反对不许出家门的命令。

延伸阅读

George Akerlof and Robert Shiller, *Phishing for Phools: The Economics of Manipulation and Deception*, Princeton University Press, 2015

Peter Bernstein, *The Power of Gold: The History of an Obsession*, John Wiley & Sons, 2000

Catherine Eagleton and Jonathan Williams, *Money: A History*, Firefly Books, 2007

William Stanley Jevons, *Letters and Journal of W. Stanley Jevons*, edited by Harriet A. Jevons Macmillan, 1886

John Kenneth Galbraith, *Money: Whence It Came, Where It Went*, Houghton Miflin, 1975

Charles Kindleberger, *A Financial History of Western Europe*, HaperCollins, 1984

Daniel Kahneman, *Thinking, Fast and Slow*, Farrar, Straus & Giroux, 2011

Jacques Le Goff, *Money and the Middle Ages*, Polity Press, 2012

Satoshi Nakamoto, "Bitcoin: A Peer-to-Peer Electronic Cash System", https://bitcoin.org/bitcoin.pdf

David Orrell, *Quantum Economics: The New Science of Money*, Icon Books, 2018

Tomas Sedlacek, *Economics of Good and Evil: The Quest for Economic Meaning from Gilgamesh to Wall Street*, Oxford University Press, 2011

Jack Weatherford, *The History of Money Crown*, Three Rivers Press, 1997

Carl Wennerlind, *Casualties of Credit: The English Financial Revolution, 1620–1720*, Harvard University Press, 2011

致谢

在此感谢以下本书中插图和图表的来源机构许可使用这些插图和图表。

Key: t = top, b = bottom, l = left, r = right & c = centre

AKG-Images: 21t; /Liszt Collection 16l; /World History Archive 42

Alamy: Abbus Archive Images 94; /Atlaspix 53; /Simon Belcher 17b; /Chronicle 34, 69; /Classic Image 24t; /CPA Media 108; /Ian Dagnall Computing 63; /Everett Collection Inc 81; /Winston Fraser 14bl; /Lou-Foto 16t; /Gibon Art 60; /GL Archive 111; /The Granger Collection 56, 128; /Historic Images: 32r; /Historical Image Collection by Bildagentur-online 96r; /Chris Howes/Wild Places Photography 133; /Idealink Photography 140; /Keystone Press 114l; /Interfoto 96l, 114r; /Lebrecht Music & Arts 54l; /The Picture Art Collection 28, 49; /Prisma Archivo 35; /Ivan Vdovin 15b; /Bjorn Wylezich 66

American Finance Association: 117b

American Numismatic Society: 51b, 129

Arusha Centre Society 132t

Bode Museum: 64

Bridgeman: 26, 30bl; /British Library Board. All Rights Reserved 48; /Look & Learn 18; /Universal History Archive/UIG 33; /Zev Radovan 19b

© The Trustees of the British Museum: 21b

CNG: 21r

Coinarchives: 31t, 31c

Getty Images: 145b; /Daniel Acker/Bloomberg 118; /Bettmann 98-99, 149; /Matt Cardy 132b; /Jason Connolly/AFP 155; /Corbis 5; /Heritage Art/Heritage Images 57, 106-107; /Chris Hondros 123; /Hulton Archive 83, 113t; /Yale Joel/The LIFE Picture Collection 85; /Chona Kasinger/Bloomberg 148; /Barry Lewis/InPictures 154; /Christinne Muschi/Bloomberg 135;

/National Museum & Galleries of Wales Enterprises Limited./Heritage Images 105r; /Daniel Leal-Olivas/AFP 127; /Scott Olson 115, 119; /Photo 12/ Universal Images Group 54t; /Spencer Platt 166; /Bryan R. Smith/AFP 153; / SSPL 91; /Universal History Archive/ Universal Images Group 7, 90

Gift of J. Paul Getty: 70

Heritage Auctions, HA.com: 46, 76

Library of Congress: 74r, 78t, 86, 97, 103, 150

MikeGOO1 via Wikimedia Commons: 141

Moneymuseum.com: 16bl, 16bc, 20, 23, 25, 26b, 27, 30tl, 30cl, 32l, 37, 52, 75, 101, 130

National Museum of American History: 76

National Numismatic Collection, Smithsonian Institution: 71

NGCcoin.com: 31b

NMM: 14t

Numismática Pliego: 51t, 51c

Private Collection: 59, 74l, 80, 113b, 131

Public Domain: 17t, 36, 38, 41, 44-45, 68, 78b, 89, 92, 104l, 109

Shutterstock: 19t, 110, 142, 152; / Anangam 143; /Aslysun 61; /Roman Babakin 79; /Baranq 144; /Claudette Barius/Netflix/Kobal 13; /Cinematic Boy 8-9; /Everett Historical 65, 138; /Karpenkov Denis 15t; /Damian Dovarganes/AP 134; /Granger 24b; / Pavel Ignatov 117t; /ImageBROKER 22; /Alfredo Dagli Orti 43; /Lurli Kazakov 10; /KTSdesign 145t; /Clifford Ling/ ANL 84; /Mikhaylovskiy 137; /Wit Olsezewski 139; /Pyty 50; /Speedkingz 146; /Kiev Victor 40; /Christian Vinces 47; /Welcomia 147; /Werner Forman Archive 55; /WhiteMocca 124; Perry Mastrovito/imageBROKER/83b

Stockholms Universitets bibliotek, Stockholm, Sweden: 29

The University of Texas at Arlington Libraries Special Collections: 72

Volkswirtschaftliches Institut, Universität Freiburg: 104